KB127059

중학영어공부 혼자하기 100일 ①

#중등 중학교 #중학생 교과서 #영어단어
#영단어 #영어독해 #영어문법 #한글로 영어

원어민 음성 MP3 다운로드 방법

한글영어 공식카페

• 한글영어 홈페이지에서 "중학영어공부 혼자하기 100일"을
검색해서 다운로드 가능합니다.

COLUM BOOKS

• 콜롬북스 앱에서 "중학영어공부 혼자하기 100일"를 검색해서
다운로드 가능합니다.

중학영어공부 혼자하기

• 한글영어 공식카페의 "http://reurl.kr/E36ACE3CJ"에서
다운로드 가능합니다.

영어공부의 첫걸음?

영어단어를 잘 읽을 줄 알아야 한다!

중학영어공부 혼자하기 100일은
영어단어를 잘 읽을 줄 알아야 영어에 흥미를 느끼고 열심히 할 수 있다는 원리를 기반으로
모든 영어단어와 영어문장의 발음을 한글로 표기했습니다.

**영어단어를 잘 읽지 못해서
영어를 싫어하고 포기하는 일은 절대로 없어야 합니다.**

중학영어공부 혼자하기 100일 ①

#중등 중학교 #중학생 교과서 #영어단어
#영단어 #영어독해 #영어문법 #한글로 영어

인쇄일	2020년 04월 01일
발행일	2020년 04월 01일
지은이	정용재
펴낸이	정용재
펴낸곳	(주)한글영어
주소	경기도 안양시 동안구 벌말로 123, A동 1111호 (평촌스마트베이)
전화	070-8711-3406
등록	제 385-2016-000051호
공식카페	http://한글영어.한국
MP3 다운로드	http://www.hanglenglish.com
디자인	김소아
인쇄제본	씨에이치피앤씨 (CH P&C) 02-2265-6116
ISBN	979-11-88935-28-4 (53740)

책값은 뒤표지에 표시되어 있으며, 파손 및 잘못된 책은 교환해 드립니다.
이 책은 저작권법에 따라 보호받는 저작물이므로 무단전재 및 무단복제를 금합니다.

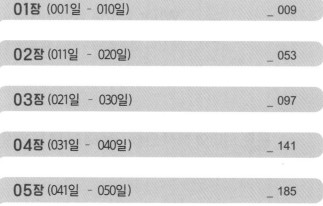

중학영어공부
혼자하기 100일 ❶

영어 공부 잘하는 법

1 **영어 읽기 연습 : 영어문장과 한글 발음을 보고 읽기 연습**

좌측의 영어문장과 한글 발음을 보고 읽는 연습을 합니다.

원어민 음성을 들으면서
최대한 모방한다는 마음으로
따라 읽습니다.

00
00

What is the **reason** you study English?

왓 이즈 더 뤼즌 유 스떠디 잉글리쉬?

2 **영어 읽기 확인 : 영어문장을 보고 스스로 읽을 수 있는지 확인**

우측의 영어문장만을 보고 스스로 읽을 수 있을 때까지 반복합니다.

00
00

What is the **reason** you study English?

당신이 영어를 공부하는 **이유**는 무엇인가요?

3 **의미와 해석 연습 : 단어의 의미를 참고해서 해석 후 단어의미 암기하기**

우측에 있는 영어문장의 밑줄과 한글의미를 활용해서 문장해석을 합니다.

00
00

What is the **reason** you study English?

당신이 영어를 공부하는 **이유**는 무엇인가요?

4 **의미와 해석 확인 : 영어문장 속의 단어를 보고 의미를 말하기**

좌측의 영어문장을 읽으면서 단어의 의미를 떠올려 스스로 해석을 합니다.

00
00

What is the **reason** you study English?

왓 이즈 더 뤼즌 유 스떠디 잉글리쉬?

5 영어단어 암기 : 하루에 약 60 게씩 단어암기 연습

좌측의 영어단어와 우측의 한글의미를 비교해가면서 의미를 암기합니다
영어단어의 한글의미를 말하고, 한글의미의 영어단어를 말할 수 있습니다

	wait for~		light		crosswalk	~를 기다리다	불빛	횡단보도
	German		Germany		muscle	독일의	독일	근육
	hold		breast		witness	잡다	가슴	목격자

6 표제어 리뷰 테스트 : 200개씩 총 2,000개의 표제어 의미 확인

표제어의 원어민 음성을 들으면서 단어를 읽고 의미를 말할 수 있습니다

01	crosswalk	21	stale	41	spill	61	bond	81	stranger
02	resource	22	cricket	42	ability	62	soil	82	audience

7 영어문장 쓰기 : 영어단어와 영어문장의 스펠링 쓰기 연습

한글 발음을 읽으면서, 원어민 음성을 들으면서 영어스펠링 쓰기를 합니다

00 00

What is the **reason** you study English?

왓 이즈 더 뤼즌 유 스떠디 잉글리쉬?

교재의 한글 발음 표기

1) f , r , v 발음은 ㅍ , ㄹ , ㅂ 로 , p , l , b 발음은 ㅍ , ㄹ , ㅂ 로 표기했습니다.

2) out of 를 [아우러브] 로 표기한 것처럼 영어의 연음을 최대한 살렸습니다.

3) sky를 [스까이]로 표기한 것처럼 실제 사용하는 소리에 가깝게 했습니다.

1 학습 방법

1형식 문장 S + V + (M) S는 V한다.

2형식 문장 S + V + C +(M) S는 C이다.

3형식 문장 S + V + O + (M) S는 O를 V한다.

4형식 문장 S + V + IO + DO + (M) S는 IO에게 DO를 V한다.

5형식 문장 S + V + O + OC +(M) S는 O를 OC하게 V하다.

*M 시간, 장소, 방법

나무를 보기 전 숲을 보는 문법 공부

자동사, 타동사, 완전동사, 불완전동사의 문법 용어라는 나무를 공부하기 전에,
1형식, 2형식, 3형식, 4형식, 5형식을 실제 문장에서 활용하는 숲을 먼저 공부합니다.

숲을 보는 안목을 키우는 문장 5형식의 공부법은 단순합니다.

1형식이 무엇인가? 질문을 받으면 이렇게 답할 수 있어야 합니다.
"1형식은 에스 브이, 에는 브이한다."

2형식이 무엇인가? 질문을 받으면 이렇게 답할 수 있어야 합니다.
"2형식은 에스 브이 씨, 에스는 씨이다."

3형식이 무엇인가? 질문을 받으면 이렇게 답할 수 있어야 합니다.
"3형식은 에스 브이 오, 에스는 오를 브이한다."

4형식이 무엇인가? 질문을 받으면 이렇게 답할 수 있어야 합니다.
"4형식은 에스 브이 아이오 디오, 에스는 아이에게 디오를 브이한다."

5형식이 무엇인가? 질문을 받으면 이렇게 답할 수 있으면 됩니다.
"5형식은 에스 브이 오 오씨, 에스는 오를 오씨하게 브이한다."

2 실전 예제

1형식 <u>They</u> <u>are playing</u> <u>on the ground.</u>　　그들은 운동장에서 놀고 있다.
　　　　　그들　　놀고 있다　　운동장에서
　　　　　S　　　V　　　　M

2형식 <u>She</u> <u>is</u> <u>pretty</u> <u>like her mom.</u>　　그녀는 그녀의 엄마처럼 예쁘다.
　　　　　그녀 이다 예쁜　　그녀의 엄마처럼
　　　　　S　V　C　　　　M

3형식 <u>Minsu</u> <u>likes</u> <u>basketball</u> <u>very much.</u>　　민수는 농구를 매우 많이 좋아한다.
　　　　　민수　좋아하다　농구　　매우 많이
　　　　　S　　좋아하다　　O　　　M

4형식 <u>He</u> <u>gave</u> <u>me</u> <u>a pencil</u> <u>yesterday.</u>　　그는 어제 나에게 연필을 주었다
　　　　　그　주었다　나　　연필　　어제
　　　　　S　V　IO　DO　　M

5형식 <u>We</u> <u>found</u> <u>the box</u> <u>empty.</u>　　우리는 상자가 비어 있는 것을 발견했다.
　　　　　우리　발견했다　상자　속빈
　　　　　S　V　　　O　　OC

문장5형식
실전 훈련

---

1 <u>She</u> <u>allowed</u> <u>me</u> <u>to use the car.</u>
　　그녀　허락했다　나　차를 사용하는 것
　　S　　V　　　O　　OC

2 <u>The bell</u> <u>is ringing</u> <u>loudly</u>
　　종　　　울리고 있다　큰소리로
　　S　　　V　　　　M

3 <u>Birds</u> <u>are flying</u> <u>in the sky.</u>
　　새들　날고 있다　하늘에서
　　S　　V　　　M

4 <u>He</u> <u>is</u> <u>an English teacher.</u>
　　그　이다　영어선생님
　　S　V　　C

5 <u>We</u> <u>called</u> <u>him</u> <u>Minsu.</u>
　　우리　불렀다　그　민수
　　S　　V　　O　OC

6 <u>My mom</u> <u>made</u> <u>me</u> <u>a cake.</u>
　　나의 엄마　만들었다　나　케익
　　S　　　V　　IO　DO

7 <u>Mina</u> <u>bought</u> <u>a new watch.</u>
　　미나　샀다　　새시계
　　S　　V　　　O

8 <u>He</u> <u>told</u> <u>me</u> <u>an interesting story.</u>
　　그　말했다　나　흥미로운 이야기
　　S　V　　IO　DO

9 <u>She</u> <u>is</u> <u>very happy.</u>
　　그녀 이다　매우 행복한
　　S　V　　C

10 <u>We</u> <u>visited</u> <u>him</u> <u>yesterday.</u>
　　우리　방문했다　그　어제
　　S　　V　　O　M

영어 발음기호 읽는 법

①	[a]	아	㉖	[k]	ㅋ	
②	[e]	에	㉗	[g]	ㄱ	
③	[æ]	애	㉘	[f]	ㅍ	
④	[i]	이	㉙	[v]	ㅂ	
⑤	[ɔ]	오	㉚	[θ]	ㅆ	
⑥	[u]	우	㉛	[ð]	ㄷ	
⑦	[ə]	어	㉜	[s]	ㅅ	
⑧	[ʌ]	어	㉝	[z]	ㅈ	
⑨	[a:]	아:	㉞	[ʃ]	쉬	
⑩	[i:]	이:	㉟	[ʒ]	쥐	
⑪	[ɔ:]	오:	㊱	[tʃ]	취	
⑫	[u:]	우:	㊲	[dʒ]	쥐	
⑬	[ə:]	어:	㊳	[h]	ㅎ	
⑭	[ai]	아이	㊴	[r]	ㄹ	
⑮	[ei]	에이	㊵	[m]	ㅁ	
⑯	[au]	아우	㊶	[n]	ㄴ	
⑰	[ɔi]	오이	㊷	[ŋ]	ㅇ	
⑱	[ou]	오우	㊸	[l]	ㄹ	
⑲	[iər]	이어	㊹	[j]	이	
⑳	[ɛər]	에어	㊺	[w]	우	
㉑	[uər]	우어	㊻	[wa]	와	
㉒	[p]	ㅍ	㊼	[wɔ]	워	
㉓	[b]	ㅂ	㊽	[ju]	유	
㉔	[t]	ㅌ	㊾	[dʒa]	쥐	
㉕	[d]	ㄷ	㊿	[tʃa]	취	

발음기호 교육의 필요성

영어단어를 읽기 위한 방법에는 두가지가 있습니다.
1) 아는 사람에게 확인해서 읽을 수 있습니다.
2) 영어사전을 보고 스스로 읽을 수 있습니다.

1번이 되려면 조건이 필요합니다.
항상 물어볼 사람이 있어야 하고, 영어발음을 들어서
깨우칠 정도로 듣기훈련이 선행되어야 합니다.

1번을 하기 위한 조건이 안되는 대한민국의 영어교육
환경에서는 2번이 가능하도록 교육을 해야 합니다.

그것이 바로 영어 발음기호 교육입니다.

> **예제**
>
> 1. night [nait] 나잍 2. train [trein] 트레인

파닉스는 영어단어를 어떻게 읽을지 추측하도록 도
와주는 역할에 불과하기 때문에, 최소한 한번이라도
정확하게 발음기호로 영어단어를 읽어본 후 파닉스
를 적용할 수 있도록 해야 합니다.

발음기호 + 파닉스

발음기호와 함께 다음 7개의 파닉스만 알아두면 영어
읽기와 쓰기에 도움이 됩니다

ee 이	er 어	sh 쉬	ㅆ, ch 취
oo 우	ng ㅇ	th ㄷ	

> **예제**
>
> sing   ㅅ ㅣ ㅇ ⋯ 싱
> teacher   ㅌ ㅣ 취 ㅓ ⋯ 티춰

001일
-
010일

01장

영어 공부 잘하는 법

00 01 He waited for the green light at the **crosswalk**.
히 웨이릳 포r 더 그륀 라잍 앹 더 크롸:쓰워:크.

00 02 Korea lacks natural **resources**.
코뤼아 랙쓰 내추뤌 뤼:쏘:r쎄쓰.

00 03 She is a **German** woman from Germany.
쉬 이즈 어 줘:r멘 워멘 프럼 줘:r머니

00 04 His **muscles** are as strong as steel.
히즈 머쓸즈 아r 애즈 스추롱 애즈 스띠:을.

00 05 She held the baby to her **breast.**
쉬 헬 더 베이비 투 허 브뤠스트.

00 06 The **witnesses'** story is a little different from the fact.
더 윝네쎄즈' 스또뤼 이즈 어 리를 디퍼뤈트 프럼 더 팩트.

00 07 His mistake **harmed** the company.
히즈 미쓰떼잌 하:암드 더 컴퍼니.

00 08 The man **installed** the cutting machine.
더 맨 인쓰또:을드 더 커팅 머쉰.

00 09 His praise **boosted** our self-confidence.
히즈 프뤠이즈 부:스틷 아워r 쎌프-컨피든쓰.

00 10 I saw a **bulletin** about the special class.
아이 쏘: 어 불리튼 어바울 더 스뻬셜 클래쓰.

wait for~	light	crosswalk	lack	natural	resource
German	Germany	muscle	as A as B	strong	steel
hold	breast	witness	a little	different	fact
mistake	harm	company	install	machine	praise
boost	confidence	bulletin	about	special	class

00 01 He waited for the green light at the **crosswalk**.
그는 횡단보도에서 파란불을 기다렸다.

00 02 Korea lacks natural **resources**.
한국은 천연 천연자원이 부족하다.

00 03 She is a **German** woman from Germany.
그녀는 독일에서 온 독일여자다.

00 04 His **muscles** are as strong as steel.
그의 근육은 강철만큼 단단하다.

00 05 She held the baby to her **breast.**
그녀는 아기를 가슴에 안았다.

00 06 The **witnesses'** story is a little different from the fact.
목격자의 이야기는 사실과 조금 다르다.

00 07 His mistake **harmed** the company.
그의 실수는 회사에 해를 끼쳤다.

00 08 The man **installed** the cutting machine.
남자가 자르는 기계를 설치했다.

00 09 His praise **boosted** our self-confidence.
그의 칭찬은 우리의 자신감을 북돋웠다.

00 10 I saw a **bulletin** about the special class.
나는 특별 수업에 관한 공고를 봤다.

~를 기다리다	불빛	횡단보도	부족하다	자연의	자원
독일의	독일	근육	B 만큼 A 한	강한	강철
잡다	가슴	목격자	조금	다른	사실
실수	해를 입히다	회사	설치하다	기계	칭찬
북돋우다	자신감	공고	관하여	특별한	수업

0011 A **quarter** of a dollar is 25 cents.
어 쿠워:r러r 어브 어 달러r 이즈 트웬티 파이브 쎈츠.

0012 Health is a **primary** factor of success.
헬쓰 이즈 어 프롸이메뤼 팩떠r 어브 썩쎄쓰.

0013 I **forbade** him from smoking in the room.
아이 포r베읻 힘 프럼 스모우킹 인 더 루:움.

0014 The **brilliant** sunlight entered jail.
더 브륄리언트 썬라잍 엔터r드 줴일.

0015 **Unfortunatley**, he doesn't have an umbrella right now.
언포:r춰널리, 히 더즌 해브 언 엄브뤨라 롸잍 나우.

0016 **Airline** passengers are gathering at the airport.
에어r라인 패씬저r즈 아r 개더륑 앹 디 에어r포r트.

0017 **Somebody** suddenly hit me in the shoulder.
썸바리 써든리 힡 미 인 더 쑈울더r.

0018 She is not in the **mood** to play.
쉬 이즈 낱 인 더 무:드 투 플레이.

0019 The doctor installed a **vital** device on the patient.
더 닥떠r 인쓰또:을드 어 바이를 디바이쓰 온 더 페이션트.

0020 He lives at a **cottage** by the lake.
히 리브즈 앹 어 카:리쥐 바이 더 레이크.

quarter	health	primary	factor	success	forbid
smoke	brilliant	sunlight	enter	jail	unfortunately
umbrella	right now	airline	passenger	gather	airport
somebody	suddenly	shoulder	mood	play	install
vital	device	patient	cottage	by~	lake

00 11 A **quarter** of a dollar is 25 cents.
1달러의 4분의 1은 25센트다.

00 12 Health is a **primary** factor of success.
건강은 성공의 주요한 요소다.

00 13 I **forbade** him from smoking in the room.
난 그가 방에서 흡연하는 것을 금지했다.

00 14 The **brilliant** sunlight entered jail.
빛나는 햇빛이 감옥으로 들어왔다.

00 15 **Unfortunatley**, he doesn't have an umbrella right now.
불행하게도, 그는 지금 우산이 없다.

00 16 **Airline** passengers are gathering at the airport.
항공기 승객들이 공항에 모였다.

00 17 **Somebody** suddenly hit me in the shoulder.
누군가 갑자기 나의 어깨를 쳤다.

00 18 She is not in the **mood** to play.
그녀는 오늘은 놀 기분이 아니다.

00 19 The doctor installed a **vital** device on the patient.
의사가 환자에게 생명장치를 설치했다.

00 20 He lives at a **cottage** by the lake.
그는 호숫가의 오두막에서 산다.

☐ 4분의 1	☐ 건강	☐ 주요한	☐ 요소	☐ 성공	☐ 금지하다
☐ 흡연하다	☐ 빛나는	☐ 햇빛	☐ 들어가다	☐ 감옥	☐ 불행하게도
☐ 우산	☐ 지금 당장	☐ 항공기	☐ 승객	☐ 모이다	☐ 공항
☐ 누군가	☐ 갑자기	☐ 어깨	☐ 기분	☐ 놀다	☐ 설치하다
☐ 생명유지의	☐ 장치	☐ 환자	☐ 오두막	☐ ~옆에	☐ 호수

Step **1**   발음편

00 21 The **stale** bread was covered with mold.
더 스테일 브뤠드 워즈 커<u>버</u>r드 위드 모울드.

00 22 There is a boiler company named **Cricket**.
데어r 이즈 어 보일러r 컴뻐니 네임드 크뤼낏.

00 23 He was absent at the gathering because of his **illness**.
히 워즈 앱쎈트 앹 더 개더륑 비코:즈 어<u>브</u> 히즈 일네쓰.

00 24 I threw away the cigarette **ash** in the ashtray.
아이 <u>쓰로</u> 어웨이 더 씨거뤹 애쉬 인 디 애쉬추뤠이.

00 25 The teacher **scolded** a student with bad manners.
더 티:처r 스코울딛 어 스튜든트 위<u>드</u> 배드 매너r즈.

00 26 **Indeed**, many people use credit cards.
인디:드, 매니 피쁠 유즈 크뤠딭 카r즈.

00 27 What he said was just **kidding**.
웥 히 쎄드 워즈 줘스트 키딩.

00 28 I attended a wedding **ceremony** on Sunday.
아이 어텐딛 어 웨딩 쎄뤄모우니 온 썬데이.

00 29 He had to **endure** a headache last night.
히 핻 투 인듀어r 어 헤데익 라슽 나잍.

00 30 She squeezed the **toothpaste** onto the toothbrush.
쉬 스쿠위즈드 더 투:쓰페이스트 온투 더 투쓰브뤄쉬.

stale	cover	mold	company	name	cricket
absent	gathering	because of	illness	throw	cigarette
ash	ashtray	scold	bad	manner	indeed
credit	what	kid	attend	wedding	ceremony
endure	headache	last night	squeeze	toothpaste	toothbrush

00 21 The **stale** bread was covered with mold.
상한 빵이 곰팡이로 덮였다.

00 22 There is a boiler company named **Cricket**.
귀뚜라미라는 이름을 가진 보일러 회사가 있다.

00 23 He was absent at the gathering because of his **illness**.
그는 병때문에 모임에 결석했다.

00 24 I threw away the cigarette **ash** in the ashtray.
나는 담배 재를 재떨이에 버렸다.

00 25 The teacher **scolded** a student with bad manners.
선생님이 버릇없는 학생을 꾸짖었다.

00 26 **Indeed**, many people use credit cards.
정말로 많은 사람이 신용카드를 쓴다.

00 27 What he said was just **kidding**.
그가 말한 것은 단지 농담이었다.

00 28 I attended a wedding **ceremony** on Sunday.
나는 일요일에 결혼식에 참석했다.

00 29 He had to **endure** a headache last night.
그는 어젯밤 두통을 참아야만 했다.

00 30 She squeezed the **toothpaste** onto the toothbrush.
그녀는 칫솔에 치약을 짰다.

☐ 상한	☐ 덮다	☐ 곰팡이	☐ 회사	☐ 이름을 짓다	☐ 귀뚜라미
☐ 결석한	☐ 모임	☐ ~때문에	☐ 질병	☐ 던지다	☐ 담배
☐ 재	☐ 재떨이	☐ 꾸짖다	☐ 나쁜	☐ 예절	☐ 정말로
☐ 신용	☐ 것	☐ 놀리다	☐ 참석하다	☐ 결혼	☐ 의식
☐ 참다	☐ 두통	☐ 어젯밤	☐ 짜다	☐ 치약	☐ 칫솔

**00
31**
There is a fountain in the **central** part of the city.
데어r 이즈 어 파운튼 인 더 쎈추뤌 파트 어브 더 씨리.

**00
32**
She **appreciated** my help.
쉬 어프뤼:쉬에이맅 마이 헬프.

**00
33**
The **bride** threw the bouquet at her girlfriends.
더 브롸이드 쓰로 더 부케이 앹 허r 걸프뤤즈.

**00
34**
Please select the **correct** answer to the question.
플리즈 쎌렉트 더 커뤵트 앤써r 투 더 쿠에스천.

**00
35**
She is **fond** of cooking by herself.
쉬 이즈 파:안드 어브 쿠킹 바이 허r쎌프.

**00
36**
There was a **huge** castle underneath the mountain.
데어r 워즈 어 휴:쥐 캐슬 언더r니쓰 더 마운튼.

**00
37**
Throw away **useless** items in the trash can.
쓰로우 어웨이 유:슬레쓰 아이텀즈 인 더 추뤠쉬 캔.

**00
38**
He increased his muscle **mass** with exercise.
히 인크뤼스트 히즈 머쓸 매쓰 위드 엑써r싸이즈.

**00
39**
I filled up the bottle with oil using a **cone**.
아이 필드 업 더 바를 위드 오일 유징 어 코운.

**00
40**
The car suddenly **dashed** into the store.
더 카r 써든리 대쉬트 인투 더 스또어r.

fountain	central	appreciate	help	bride	bouquet
girlfriend	select	correct	answer	question	be fond of~
cook	by oneself	huge	castle	underneath	throw away
useless	item	trash can	increase	muscle	mass
exercise	fill up	bottle	cone	suddenly	dash

00 31
There is a fountain in the **central** part of the city.
그 도시의 중앙 장소에는 분수가 있다.

00 32
She **appreciated** my help.
그녀는 나의 도움에 감사했다.

00 33
The **bride** threw the bouquet at her girlfriends.
신부가 여자 친구들에게 꽃다발을 던졌다.

00 34
Please select the **correct** answer to the question.
질문에 맞는 답을 고르시오.

00 35
She is **fond** of cooking by herself.
그녀는 혼자서 요리하는 것을 좋아한다.

00 36
There was a **huge** castle underneath the mountain.
산 아래에 거대한 성이 있었다.

00 37
Throw away **useless** items in the trash can.
쓸모없는 물품은 쓰레기통에 버려라.

00 38
He increased his muscle **mass** with exercise.
그는 운동으로 근육 덩어리를 증가시켰다.

00 39
I filled up the bottle with oil using a **cone**.
나는 원뿔로 병에 기름을 가득 채웠다.

00 40
The car suddenly **dashed** into the store.
자동차가 가게로 갑자기 돌진했다.

분수	중앙의	감사하다	도움	신부	꽃다발
여자 친구	고르다	맞는	정답	질문	~을 좋아하다
요리하다	혼자서	거대한	성	~의 아래에	버리다
쓸모없는	물품	쓰레기통	증가시키다	근육	큰 덩어리
운동	가득 채우다	병	원뿔	갑자기	돌진하다

0041 The baby **spilled** milk on the floor.
더 베이비 스삘드 밀크 온 더 플로어r.

0042 There's no limit to Superman's **ability**.
데어r즈 노우 리밑 투 수:뻐r맨즈 어빌러티.

0043 **Pronunciation** is important in English.
프뤄넌씨에이션 이즈 임포r튼 인 잉글리쉬.

0044 The government decided to **widen** the roads.
더 거번멘트 디싸이딛 투 와이든 더 로우즈.

0045 The **beggar** asked me for money.
더 베거r 애슼트 미 포r 머니.

0046 Names are **nouns** in grammar.
네임즈 아r 나운즈 인 그뤠머r.

0047 He is **constructing** a school in the village.
히 이즈 컨스추뤅팅 어 스꾸:을 인 더 빌리쥐.

0048 The **burglar** threatened the owner with a knife.
더 버:r글러r 쓰뤠튼(드) 디 오우너r 위드 어 나이프.

0049 **Imagine** travelling to space.
이매쥔 추뤠블링 투 스뻬이쓰.

0050 She **attends** church service on Sundays.
쉬 어텐즈 춰:r취 써r비쓰 온 썬데이즈.

spill	floor	there is~	limit	ability	pronunciation
important	English	government	decide	widen	road
beggar	ask for	name	noun	grammar	construct
village	burglar	threaten	owner	with	knife
imagine	travel	space	attend	service	sunday

00
41
The baby **spilled** milk on the floor.
아기가 우유를 바닥에 엎질렀다.

00
42
There's no limit to Superman's **ability**.
슈퍼맨의 능력에는 한계가 없다.

00
43
Pronunciation is important in English.
영어에서 발음은 중요하다.

00
44
The government decided to **widen** the roads.
정부는 도로를 넓히기로 결정했다.

00
45
The **beggar** asked me for money.
거지가 나에게 돈을 달라고 부탁했다.

00
46
Names are **nouns** in grammar.
문법에서 이름들은 명사에 속한다.

00
47
He is **constructing** a school in the village.
그는 마을에 학교를 건설하고 있다.

00
48
The **burglar** threatened the owner with a knife.
강도가 주인을 칼로 협박했다.

00
49
Imagine travelling to space.
우주로 여행하는 것을 상상해봐라.

00
50
She **attends** church service on Sundays.
그녀는 일요일에 교회예배에 출석한다.

엎지르다	바닥	~이 있다	한계	능력	발음
중요한	영어	정부	결정하다	넓히다	도로
거지	부탁하다	이름	명사	문법	건설하다
마을	강도	협박하다	주인	가지고	칼
상상하다	여행하다	우주	출석하다	예배	일요일

00 51 He gets the maximum effect at a **minimal** cost.
히 겟츠 더 맥씨멈 이펙트 앹 어 미니멀 코우스트.

00 52 Water is a **fluid** but ice is a solid.
워러r 이즈 어 플루:이드 벝 아이쓰 이즈 어 쌀:리드.

00 53 That company listened to customers' **opinions**.
댙 컴뻐니 리쓴(드) 투 커스터머r즈 어피니언즈.

00 54 He **assisted** her experiment hard.
히 어씨스틷 허r 엑쓰뻬뤼멘트 하:r드.

00 55 Attacking is the best **defense**.
어태킹 이즈 더 베스트 디펜쓰.

00 56 Korea is an **independent** country.
코뤼아 이즈 언 인디펜던트 컨추뤼.

00 57 He built the framework of the building with **steel**.
히 빌트 더 프뤠임워r크 어브 더 빌딩 위드 스띠:을.

00 58 It was **astonishing** that the child won.
잍 워즈 어스따니쉥 댙 더 촤일드 원.

00 59 A snowman **consists** of a head and a body.
어 스노우맨 컨씨스츠 어브 어 헤드 앤드 어 바디.

00 60 I added a new **item** to the list.
아이 애딛 어 뉴 아이덤 투 더 리스트.

maximum	effect	minimal	cost	fluid	solid
company	listen to	customer	opinion	assist	experiment
hard	attack	defense	independent	country	build
framework	building	steel	astonishing	win	snowman
consist of	head	body	add	item	list

00 51 He gets the maximum effect at a **minimal** cost.
그는 최소의 비용으로 최대의 효과를 낸다.

00 52 Water is a **fluid** but ice is a solid.
물은 액체이지만 얼음은 고체다.

00 53 That company listened to customers' **opinions**.
그 회사는 고객의 의견에 귀 기울여 들었다.

00 54 He **assisted** her experiment hard.
그는 열심히 그녀의 실험을 도와줬다.

00 55 Attacking is the best **defense**.
공격이 최선의 방어다.

00 56 Korea is an **independent** country.
한국은 독립한 나라다.

00 57 He built the framework of the building with **steel**.
그는 강철로 건물 뼈대를 세웠다.

00 58 It was **astonishing** that the child won.
어린이가 우승한 것은 놀라웠다.

00 59 A snowman **consists** of a head and a body.
눈사람은 머리와 몸으로 구성된다.

00 60 I added a new **item** to the list.
나는 목록에 새로운 항목을 추가했다.

☐ 최대의	☐ 효과	☐ 최소의	☐ 비용	☐ 액체	☐ 고체
☐ 회사	☐ 귀를 기울이다	☐ 고객	☐ 의견	☐ 돕다	☐ 실험
☐ 열심히	☐ 공격하다	☐ 방어	☐ 독립함	☐ 나라	☐ 세우다
☐ 뼈대	☐ 건물	☐ 강철	☐ 놀라운	☐ 이기다	☐ 눈사람
☐ ~로 구성되다	☐ 머리	☐ 몸	☐ 추가하다	☐ 항목	☐ 목록

004 day

 Step 1 발음편

0061 There is a special **bond** between parents and children.
데어r 이즈 어 스뻬셜 바:안드 비트윈 페어뤈츠 앤 췰드뤈.

0062 This **soil** is good for plants to grow.
디쓰 쏘일 이즈 굳 포r 플랜츠 투 그로우.

0063 The **industrial** revolution occurred in England.
디 인더스추뤼얼 뤠볼루:션 어커:rd 인 잉글랜드.

0064 **Challenges** are essential for success.
췔런쥐즈 아r 이쎈셜 포r 썩쎄쓰.

0065 There is always a winner and a **loser** in sports.
데어r 이즈 올웨이즈 어 위너r 앤드 어 루:저r 인 스포r츠.

0066 The **ivy** climbed the castle and the tower's wall.
디 아이비 클라임(드) 더 캐쓸 앤(드) 더 타워r즈 월.

0067 The ostrich egg will **hatch** in one week.
디 오스추뤼취 에그 윌 해취 인 원 위크.

0068 The oil price is going **downward** nowadays.
디 오일 프롸이쓰 이즈 고잉 다운워r드 나우어데이즈.

0069 He has an **interest** in machines.
히 해즈 언 인추뤠스트 인 머쉰즈.

0070 Her **pace** is as slow as a snail.
허r 페이쓰 이즈 애즈 슬로우 애즈 어 스네일.

bond	between	parents	children	soil	plant
grow	industrial	revolution	occur	challenge	essential
success	always	winner	loser	ivy	climb
castle	tower	ostrich	hatch	price	downward
nowadays	interest	machine	pace	as A as B	snail

22

00 61 There is a special **bond** between parents and children.
부모와 자식 간에는 특별한 유대가 있다.

00 62 This **soil** is good for plants to grow.
이곳 흙은 식물이 자라기에 좋다.

00 63 The **industrial** revolution occurred in England.
산업 혁명이 영국에서 일어났다.

00 64 **Challenges** are essential for success.
성공을 위해서는 도전이 필수다.

00 65 There is always a winner and a **loser** in sports.
스포츠에는 언제나 우승자와 실패자가 있다.

00 66 The **ivy** climbed the castle and the tower's wall.
담쟁이덩굴이 성과 탑의 벽을 타고 올라갔다.

00 67 The ostrich egg will **hatch** in one week.
타조 알이 일주일 후에 알에서 깰 것이다.

00 68 The oil price is going **downward** nowadays.
요즈음 기름 가격이 아래쪽의 추세다.

00 69 He has an **interest** in machines.
그는 기계에 대해 흥미를 가지고 있다.

00 70 Her **pace** is as slow as a snail.
그녀의 걸음걸이는 달팽이 만큼이나 느리다.

유대	사이에	부모님	아이들	흙	식물
자라다	산업의	혁명	일어나다	도전	필수적인
성공	항상	우승자	실패자	담쟁이덩굴	기어 오르다
성	탑	타조	알에서 깨다	가격	아래쪽으로
요즈음	흥미	기계	걸음걸이	B 만큼 A 한	달팽이

00 71 The **parade** was marching in front of our office.
더 퍼뤠이드 워즈 마:r칭 인 프뤈트 어브 아워r 아피쓰.

00 72 My son **hates** spinach and eggplant.
마이 썬 헤이츠 스삐니취 앤(드) 에그플랜트.

00 73 The engineer **detected** the defect in the cleaner.
디 엔지니어r 디텍틷 더 디펙트 인 더 클리:너r.

00 74 The teacher **printed** the math problems.
더 티:처r 프륀틷 더 매쓰 프롸블럼쓰.

00 75 She climbed up the **ladder** carefully.
쉬 클라임드 업 더 래더r 케어r풀리.

00 76 This job requires **craft** and experience.
디스 좝 뤼쿠와이어즈 크뤠프트 앤(드) 익쓰삐어뤼언쓰.

00 77 Be careful of the **fierce** dogs over there.
비 케어r풀 어브 더 피어r쓰 도:그즈 오우버r 데어r.

00 78 I made plates and bowls out of **clay**.
아이 메이드 플레이츠 앤(드) 보울즈 아웉 어브 클레이.

00 79 He took a picture with the sky in the **background**.
히 툭 어 픽처r 위드 더 스까이 인 더 백그롸운드.

00 80 We celebrated the victory with **fireworks**.
위 쎌러브뤠이틷 더 빅토뤼 위드 파이어r웍:r쓰.

parade	march	in front of	office	hate	spinach
eggplant	engineer	detect	defect	cleaner	print
math	climb	ladder	carefully	require	craft
experience	be careful of	fierce	over there	plate	bowl
clay	picture	background	celebrate	victory	firework

00 71 The **parade** was marching in front of our office.
행렬이 우리 사무실 앞을 행진했다.

00 72 My son **hates** spinach and eggplant.
내 아들은 시금치와 가지를 싫어한다.

00 73 The engineer **detected** the defect in the cleaner.
기술자는 청소기에서 결함을 발견했다.

00 74 The teacher **printed** the math problems.
선생님은 수학 문제들을 인쇄했다.

00 75 She climbed up the **ladder** carefully.
그녀는 사다리를 조심해서 올라갔다.

00 76 This job requires **craft** and experience.
이 일은 기술과 경험을 요구한다.

00 77 Be careful of the **fierce** dogs over there.
저기 있는 사나운 개들을 조심해라.

00 78 I made plates and bowls out of **clay**.
나는 점토로 접시와 그릇을 만들었다.

00 79 He took a picture with the sky in the **background**.
그는 하늘을 배경으로 사진 찍었다.

00 80 We celebrated the victory with **fireworks**.
우리는 불꽃놀이로 우승을 축하했다.

행렬	행진하다	~의 앞에	사무실	싫어하다	시금치
가지	기술자	발견하다	결함	청소기	인쇄하다
수학	오르다	사다리	조심해서	요구하다	기술
경험	~을 조심하다	사나운	저기 있는	접시	그릇
점토	사진	배경	축하하다	승리	불꽃놀이

00 81 Don't believe **strangers** so easily.
도운(트) 빌리브 스추뤠인저r즈 쏘우 이즐리.

00 82 She received applause from the **audience**.
쉬 뤼씨브드 어플로즈 프럼 디 오:디언쓰.

00 83 The price of vegetables is **soaring** these days.
더 프롸이쓰 어브 베쥐터블즈 이즈 쏘:어륑 디즈 데이즈.

00 84 Once upon a time there lived a **giant** in the castle.
원쓰 어뻔 어 타임 데어r 리브드 어 좌이언트 인 더 캐쓸.

00 85 I need a **baby sitter** for my baby.
아이 니드 어 베이비 씨터r 포r 마이 베이비.

00 86 The doctor **recommended** me to drink warm water.
더 닥떠r 뤠커멘딛 미 투 주륑크 우웜 워러r.

00 87 The bad witch wanted an **endless** life.
더 배드 윗취 원틷 언 엔들레스 라이프.

00 88 Don't **slam** the door too hard when you go out.
도운(트) 슬램 더 도어r 투 하드 웬 유 고우 아웉.

00 89 Did humans really evolve from **apes**?
디드 휴먼즈 뤼을리 이발브 프럼 에잎쓰?

00 90 This car is my only **option** for my budget.
디쓰 카r 이즈 마이 온리 앞:션 포r 마이 버쥍.

Don't ~	believe	stranger	so	easily	receive
applause	audience	price	vegetable	soar	these days
giant	castle	baby sitter	recommend	drink	warm
witch	endless	life	slam	too hard	when ~
human	really	evolve	ape	option	budget

00 81 Don't believe **strangers** so easily.
낯선 사람을 너무 쉽게 믿지 마라.

00 82 She received applause from the **audience**.
그녀는 청중으로부터 박수를 받았다.

00 83 The price of vegetables is **soaring** these days.
요즈음 채소 가격이 치솟고 있다.

00 84 Once upon a time there lived a **giant** in the castle.
옛날 옛적에 성에 거인이 살았다.

00 85 I need a **baby sitter** for my baby.
나는 아기를 위해 아이 보는 사람이 필요하다.

00 86 The doctor **recommended** me to drink warm water.
의사는 따뜻한 물 마시라고 추천했다.

00 87 The bad witch wanted an **endless** life.
못된 마녀는 끝이 없는 생명을 원했다.

00 88 Don't **slam** the door too hard when you go out.
나갈 때 문을 너무 쾅 닫지 마라.

00 89 Did humans really evolve from **apes?**
진짜 인간은 원숭이로부터 진화했을까?

00 90 This car is my only **option** for my budget.
이 차가 내 예산으로는 유일한 선택이다.

☐ ~하지 마라	☐ 믿다	☐ 낯선 사람	☐ 너무	☐ 쉽게	☐ 받다
☐ 박수	☐ 청중	☐ 가격	☐ 채소	☐ 치솟다	☐ 요즈음
☐ 거인	☐ 성	☐ 아이 보는 사람	☐ 추천하다	☐ 마시다	☐ 따뜻한
☐ 마녀	☐ 끝이 없는	☐ 생명	☐ 쾅 닫다	☐ 너무 세계	☐ ~ 할 때
☐ 인간	☐ 정말로	☐ 진화하다	☐ 원숭이	☐ 선택	☐ 예산

00 91 He was so **silly** that he made the wrong decision.
히 워즈 쏘우 씰리 댙 히 메읻 더 롱 디씨줜.

00 92 The **salesperson** is explaining about the washer.
더 쎄일즈퍼:r쓴 이즈 엑쓰플레이닝 어바웉 더 와쉬어r.

00 93 Suddenly the bear **appeared** in front of us.
써든리 더 베어r 어피어r드 인 프륀트 어브 어쓰.

00 94 I got a good grade on the **recent** exam.
아이 같 어 굳 그뤠이드 온 더 뤼:쓴트 이그잼.

00 95 Where is the painter's **birthplace?**
웨어r 이즈 더 페인터r즈 버:r쓰플레이쓰?

00 96 As I touched the bubble with my hand, it **burst**.
애즈 아이 터취트 더 버블 위드 마이 핸드, 잍 버:r스트.

00 97 He got a lot of **profit** from this business.
히 같 어 랕 어브 프롸:핕 프럼 디쓰 비즈니쓰.

00 98 Water and oil don't **blend** well.
워러r 앤(드) 오일 도운(트) 블렌드 웰.

00 99 We greeted each other with **handshakes**.
위 그뤼틷 이취 아더r 위드 핸드쉐익쓰.

01 00 The police is **conducting** a close investigation.
더 펄리:쓰 이즈 컨덕팅 어 클로우쓰 인붸스터게이션.

so A that B	silly	**wrong**	decision	salesperson	explain
washer	**suddenly**	bear	appear	**in front of**	grade
recent	**painter**	birthplace	as ~	**touch**	bubble
burst	a lot of	profit	**business**	blend	greet
each other	**handshake**	police	**conduct**	close	investigation

0091 He was so **silly** that he made the wrong decision.
그는 너무 어리석어서 잘못된 결정을 했다.

0092 The **salesperson** is explaining about the washer.
판매원이 세탁기를 설명하고 있다.

0093 Suddenly the bear **appeared** in front of us.
갑자기 곰이 우리 앞에 나타났다.

0094 I got a good grade on the **recent** exam.
난 최근의 시험에서 좋은 점수를 받았다.

0095 Where is the painter's **birthplace?**
그 화가의 출생지는 어디인가?

0096 As I touched the bubble with my hand, it **burst**.
내가 손으로 만져서 거품이 터졌다.

0097 He got a lot of **profit** from this business.
그는 이 사업으로 많은 이익을 얻었다.

0098 Water and oil don't **blend** well.
물과 기름은 잘 섞이지 않는다.

0099 We greeted each other with **handshakes**.
우리는 악수로 서로 인사를 했다.

0100 The police is **conducting** a close investigation.
경찰이 철저한 조사를 수행하고 있다.

너무 A해서 B하다	어리석은	잘못된	결정	판매원	설명하다
세탁기	갑자기	곰	나타나다	~의 앞에	점수
최근의	화가	출생지	~ 때문에	만지다	거품
터지다	많은	이익	사업	섞이다	인사하다
서로	악수	경찰	수행하다	철저한	조사

01
01
I replaced the **wheel** of the bike yesterday.
아이 <u>뤼</u>플레이쓰(트) 더 위:일 어<u>브</u> 더 바이크 예스떠r데이.

01
02
I will **introduce** my family first.
아이 윌 인추<u>뤄</u>듀:쓰 마이 <u>페</u>믈리 <u>퍼</u>r쓰트.

01
03
She saw a strange **figure** in the garden.
쉬 쏘 어 스추<u>뤠</u>인쥐 <u>피</u>겨r 인 더 가r든.

01
04
The zebras are running on the **prairie**.
더 지브<u>롸</u>쓰 아r <u>뤄</u>닝 온 더 <u>프뤠뤼</u>.

01
05
The **widow** lived alone after her husband died.
더 위도우 리<u>브</u>드 얼로운 애<u>프</u>터r 허r 허즈밴(드) 다이드.

01
06
His success is a **result** of great effort.
히즈 썩쎄쓰 이즈 어 <u>뤼</u>절트 어<u>브</u> 그<u>뤠</u>잍 에<u>퍼</u>r트.

01
07
I still remember the **title** of the book.
아이 스띨 <u>뤼</u>멤버r 더 타이를 어<u>브</u> 더 붘.

01
08
The teacher put a **notice** on the bulletin board.
더 티:처r 풀 어 노우티쓰 온 더 불레튼 보r드.

01
09
This ship uses nuclear power as **fuel**.
디쓰 쉽 유지즈 뉴클리어r 파워r 애즈 <u>퓨</u>:얼.

01
10
It is **likely** to snow right now.
잍 이즈 라이클리 투 스노우 <u>롸</u>잍 나우.

replace	wheel	yesterday	introduce	first	strange
figure	zebra	prairie	widow	alone	husband
die	success	result	great	effort	still
remember	title	notice	bulletin	board	ship
nuclear	power	fuel	be likely to	snow	right now

01
01
I <u>replaced</u> the **wheel** of the bike <u>yesterday</u>.
나는 어제 자전거의 바퀴를 교체했다.

01
02
I will **introduce** my <u>family</u> <u>first</u>.
먼저 제 가족을 소개하겠습니다.

01
03
She <u>saw</u> a <u>strange</u> **figure** in the <u>garden</u>.
그녀는 정원에서 낯선 사람을 봤다.

01
04
The <u>zebras</u> are running on the **prairie**.
얼룩말들이 대초원에서 달리고 있다.

01
05
The **widow** lived <u>alone</u> after <u>her husband died</u>.
남편이 죽은 후 미망인은 혼자 살았다.

01
06
His <u>success</u> is a **result** of great <u>effort</u>.
그의 성공은 대단한 노력의 결과다.

01
07
I <u>still</u> <u>remember</u> the **title** of the book.
나는 그 책의 제목을 아직도 기억한다.

01
08
The teacher <u>put</u> a **notice** on the bulletin board.
선생님은 게시판에 안내문을 붙였다.

01
09
This <u>ship</u> uses <u>nuclear power</u> as **fuel**.
이 배는 연료로 원자력을 사용한다.

01
10
It is **likely** to <u>snow</u> <u>right now</u>.
날씨가 지금이라도 눈이 올 것 같다.

교체하다	바퀴	어제	소개하다	먼저	낯선
사람	얼룩말	대초원	미망인	혼자	남편
죽다	성공	결과	대단한	노력	아직
기억하다	제목	안내문	공고	판자	배
원자력의	힘	연료	~할 것 같다	눈 오다	지금 당장

01 / 11 The children are the source of her **delight**.
더 췰드뤈 아r 더 쏘:r쓰 어브 허r 딜라이트.

01 / 12 He pressed the button to **pause** the song.
히 프뤠쓰(트) 더 벝은 투 포:즈 더 쏭.

01 / 13 She worked as a **volunteer** at the kindergarten.
쉬 웤r트 애즈 어 발:런티어r 앹 더 킨더r가:r튼.

01 / 14 I did additions and divisions with the **calculator**.
아이 디드 어디쎤즈 앤(드) 디비줜즈 위드 더 캘큘레이러r.

01 / 15 I planted the trees 2m **apart** from each other.
아이 플랜틷 더 추뤼즈 투 미러r 어파:r트 프럼 이취 아더r.

01 / 16 The customer **complained** about the food.
더 커스터머r 컴플레인드 어바웉 더 푸드.

01 / 17 The **sunset** is a beautiful scenery.
더 썬쎝 이즈 어 뷰리플 씨:너뤼.

01 / 18 He **spelled** 'zebra' correctly.
히 스펠드 '지브롸' 커뤡틀리.

01 / 19 Two horses are pulling the **wagon**.
투 호:r쎄즈 아r 풀링 더 왜건.

01 / 20 She **swore** to keep her promise.
쉬 스워r 투 킾 허r 프롸미쓰.

children	source	delight	press	button	pause
song	work	as ~	volunteer	kindergarten	addition
division	calculator	plant	apart	each other	customer
complain	sunset	scenery	spell	zebra	correctly
horse	pull	wagon	swear	keep	promise

01
11
The children are the source of her **delight**.
아이들은 그녀에게 기쁨의 원천이다.

01
12
He pressed the button to **pause** the song.
그는 단추을 눌러서 노래를 정지했다.

01
13
She worked as a **volunteer** at the kindergarten.
그녀는 유치원에서 자원봉사자로 일했다.

01
14
I did additions and divisions with the **calculator**.
난 계산기로 덧셈과 나눗셈을 했다.

01
15
I planted the trees 2m **apart** from each other.
나는 나무들을 서로 2m 떨어져서 심었다.

01
16
The customer **complained** about the food.
손님이 음식에 대해서 불평했다.

01
17
The **sunset** is a beautiful scenery.
일몰은 정말 아름다운 경치다.

01
18
He **spelled** 'zebra' correctly.
그는 얼룩말을 정확하게 철자로 말했다.

01
19
Two horses are pulling the **wagon**.
두 마리 말들이 짐마차를 끌고 있다.

01
20
She **swore** to keep her promise.
그녀는 약속을 지킬 것을 맹세했다.

아이들	원천	기쁨	누르다	단추	정지시키다
노래	일하다	~ 로서	자원봉사자	유치원	덧셈
나눗셈	계산기	심다	떨어져	서로	손님
불평하다	일몰	경치	철자를 말하다	얼룩말	정확하게
말	당기다	짐마차	맹세하다	지키다	약속

01 21 One year is never a short **period**.
원 이어r 이즈 네버r 어 쇼r트 피뤼어드.

01 22 The twins' faces always **confuse** me.
더 트윈스 페이쎄스 올웨이즈 컨퓨:즈 미.

01 23 The leaves are **floating** on the pond.
더 리:브즈 아r 플로우팅 온 더 파:안드.

01 24 The pieces of **iron** were stuck to the magnet.
더 피쎄스 어브 아이언 워r 스떡 투 더 매그넷.

01 25 Don't interfere with my **private** life.
도운(트) 인터r피어r 위드 마이 프롸이빗 라이프.

01 26 My head is dizzy out of **excitement**.
마이 헤드 이즈 디지 아웉 어브 익싸읻멘트.

01 27 The ship is slowly appoaching the **dock**.
더 쉽 이즈 슬로울리 어프로우칭 더 다:악.

01 28 He envied my **youth** and physical strength.
히 엔비드 마이 유:쓰 앤(드) 피지클 스추뤵쓰.

01 29 She finally got her driver's **license**.
쉬 파이늘리 같 허r 드롸이버r즈 라이쓴쓰.

01 30 The **mild** weather continued in the winter.
더 마일드 웨더r 컨티뉴드 인 더 윈터r.

never	short	period	twin	confuse	leaf
float	pond	piece	iron	stick	magnet
interfere	private	life	dizzy	excitement	slowly
approach	dock	envy	youth	physical	strength
finally	driver	license	mild	weather	continue

**01
21** <u>One year</u> <u>is never</u> a short **period**.
1년은 결코 짧은 기간이 아니다.

**01
22** <u>The twins' faces</u> <u>always</u> **confuse** <u>me</u>.
쌍둥이의 얼굴은 항상 나를 혼동시킨다.

**01
23** <u>The leaves</u> <u>are</u> **floating** <u>on the pond</u>.
나뭇잎이 연못에서 떠다니고 있다.

**01
24** <u>The pieces of</u> **iron** <u>were stuck</u> <u>to the magnet</u>.
철의 조각들이 자석에 달라붙었다.

**01
25** <u>Don't interfere with</u> <u>my</u> **private** <u>life</u>.
나의 사적인 생활에 간섭하지 마라.

**01
26** <u>My head</u> <u>is dizzy</u> <u>out of</u> **excitement**.
나는 머리는 흥분으로 어지럽다.

**01
27** <u>The ship</u> <u>is slowly</u> <u>approaching</u> the **dock**.
배가 부두에 느리게 접근하고 있다.

**01
28** <u>He</u> <u>envied</u> <u>my</u> **youth** <u>and physical strength</u>.
그는 나의 젊음과 체력을 부러워했다.

**01
29** <u>She</u> <u>finally</u> <u>got</u> <u>her driver's</u> **license**.
그녀는 마침내 운전자 면허증을 땄다.

**01
30** <u>The</u> **mild** <u>weather</u> <u>continued</u> <u>in the winter</u>.
온화한 날씨가 겨울에도 계속되었다.

☐ 결코 ~ 아니다	☐ 짧은	☐ 기간	☐ 쌍둥이	☐ 혼동시키다	☐ 나뭇잎
☐ 떠다니다	☐ 연못	☐ 조각	☐ 철	☐ 달라 붙다	☐ 자석
☐ 간섭하다	☐ 사적인	☐ 생활	☐ 어지러운	☐ 흥분	☐ 느리게
☐ 접근하다	☐ 부두	☐ 부러워하다	☐ 젊음	☐ 육체의	☐ 힘
☐ 마침내	☐ 운전자	☐ 자격증	☐ 온화한	☐ 날씨	☐ 계속되다

01 31 The witness reported the **criminal** to the police.
더 윗네쓰 뤼포r틴 더 크뤼미널 투 더 펄:리쓰.

01 32 He **trimmed** the rose on the fence with scissors.
히 추륌(드) 더 로우즈 온 더 펜쓰 위드 씨저r스.

01 33 He is the **eleventh** player in the football team.
히 이즈 디 일레번쓰 플레이어r 인 더 풀볼 티:임.

01 34 He **hurled** the sharp spear towards the monster.
히 허:r을(드) 더 샤r프 스뻬어r 투워r즈 더 만:스떠r.

01 35 The **witch** mixed strange ingredients.
더 윗취 믹쓰트 스추뤠인쥐 인그뤼디언츠.

01 36 She is a **lively** and bright young woman.
쉬 이즈 어 라이블리 앤(드) 브롸잍 영 워먼.

01 37 The ship collided with a huge **iceberg**.
더 쉽 컬라이딛 위드 어 휴쥐 아이쓰버:r그.

01 38 I **wonder** if she loves me.
아이 원더r 이프 쉬 러브즈 미.

01 39 He builds **knowledge** through books.
히 빌즈 날:리쥐 쓰로 북쓰.

01 40 It is **necessary** to lock the door at night.
잍 이즈 네써쎄뤼 투 락 더 도어r 앹 나잍.

witness	report	criminal	trim	fence	scissors
eleventh	player	hurl	sharp	spear	towards
monster	witch	mix	ingredient	lively	bright
young	collide	huge	iceberg	wonder	if ~
build	knowledge	through	necessary	lock	at night

01
31
The witness reported the **criminal** to the police.
목격자가 범죄자를 경찰에 알렸다.

01
32
He **trimmed** the rose on the fence with scissors.
그는 가위로 울타리의 장미를 다듬었다.

01
33
He is the **eleventh** player in the football team.
그는 축구팀의 11번째 선수다.

01
34
He **hurled** the sharp spear towards the monster.
그는 괴물을 향하여 날카로운 창을 던졌다.

01
35
The **witch** mixed strange ingredients.
마녀는 이상한 재료들을 섞었다.

01
36
She is a **lively** and bright young woman.
그녀는 활기차고 똑똑한 젊은 여자다.

01
37
The ship collided with a huge **iceberg**.
배가 거대한 빙산과 충돌했다.

01
38
I **wonder** if she loves me.
난 그녀가 나를 사랑하는지 궁금하다.

01
39
He builds **knowledge** through books.
그는 책을 통해서 지식을 쌓는다.

01
40
It is **necessary** to lock the door at night.
밤에는 문을 잠그는 것이 필요하다.

목격자	알리다	범죄자	다듬다	울타리	가위
11번째의	선수	던지다	날카로운	창	~을 향하여
괴물	마녀	섞다	재료	활기 넘치는	똑똑한
젊은	충돌하다	거대한	빙산	궁금하다	~인지 아닌지
쌓아 올리다	지식	통해서	필요한	잠그다	밤에

01 41
She **deserves** to succeed because of her efforts.
쉬 디저r브즈 투 썩씨드 비코:즈 어브 허r 에퍼r츠.

01 42
He never **uttered** a word about the accident.
히 네버r 어터r드 어 워r드 어바웃 더 액씨든트.

01 43
The **northern** part of the country is made of only ice.
더 노:r던 파r트 오브 더 컨추뤼 이즈 메이드 어브 온리 아이쓰.

01 44
My brother terribly **teased** my sister.
마이 브롸더r 테뤄블리 티:즈드 마이 씨쓰터r.

01 45
I **especially** watch this kind of movie.
아이 이스페셜리 왓취 디쓰 카인드 어브 무비.

01 46
That trading company **exports** tools overseas.
댇 추뤠이딩 컴뻐니 엑쓰포:r츠 툴즈 오우버r씨즈.

01 47
Naruto ran with his arms **backward**.
나루토우 뤤 위드 히즈 암즈 백워r드.

01 48
He won the **lottery** and got a lot of money.
히 원 더 라:더뤼 앤(드) 같 어 랕 어브 머니.

01 49
The frog's stomach started to **swell**.
더 프롹즈 스터먹 스따r틴 투 스웰.

01 50
Plants absorb **carbon** dioxide in the air.
플랜츠 어브조:r브 카r번 다이악싸이드 인 디 에어r.

deserve	succeed	effort	utter	word	accident
northern	country	be made of	terribly	tease	especially
kind	trade	company	export	tool	overseas
backward	win	lottery	a lot of	frog	stomach
swell	plant	absorb	carbon	dioxide	air

01 41 She **deserves** to succeed because of her efforts.
그녀는 노력 때문에 성공할만 하다.

01 42 He never **uttered** a word about the accident.
그는 사고에 대해 전혀 한마디도 말하지 않았다.

01 43 The **northern** part of the country is made of only ice.
그 나라의 북쪽의 지역은 얼음뿐이다.

01 44 My brother terribly **teased** my sister.
오빠가 여동생을 심하게 놀렸다.

01 45 I **especially** watch this kind of movie.
나는 특별히 이런 종류의 영화를 본다.

01 46 That trading company **exports** tools overseas.
그 무역회사는 해외로 공구를 수출한다.

01 47 Naruto ran with his arms **backward**.
나루토는 팔들을 뒤쪽으로 하고 달렸다.

01 48 He won the **lottery** and got a lot of money.
그는 복권에 맞아서 많은 돈을 받았다.

01 49 The frog's stomach started to **swell**.
개구리의 배가 부풀기 시작했다.

01 50 Plants absorb **carbon** dioxide in the air.
식물들은 공기중 이산화탄소를 흡수한다.

~할 만하다	성공하다	노력	말하다	단어	사고
북쪽의	나라	~로 구성되다	심하게	놀리다	특별히
종류	무역하다	회사	수출하다	도구	해외로
뒤쪽으로	이기다	복권	많은	개구리	배
부풀다	식물	흡수하다	탄소	이산화물	공기

01 51
The robot **transformed** its body into a car.
더 로우밧 추뤤스폼:드 잍츠 바디 인투 어 카r.

01 52
I have a **slight** fever because of my cold.
아이 해브 어 슬라잍 피버r 비코:즈 어브 마이 코울드.

01 53
My brother **desires** better toys.
마이 브롸더r 디자이어r즈 베러r 토이즈.

01 54
She is in a **state** of confusion due to her failure.
쉬 이즈 인 어 스테잍 어브 컨퓨줜 듀 투 허r 페일리어r.

01 55
I **glided** on a gentle slope.
아이 글라이딛 온 어 젠틀 슬로웊.

01 56
Choose a **random** number from 1 to 10.
추즈 어 뤤덤 넘버r 프뤔 원 투 텐.

01 57
The mouse heard the lion **roar**.
더 마우쓰 허r(드) 더 라이언 로:어r.

01 58
Citizens have to follow their country's **laws**.
씨티즌즈 해브 투 팔로우 데어r 컨추뤼즈 로:스.

01 59
The minister put a candle on the **candlestick**.
더 미니스떠r 풑 어 캔들 온 더 캔들스틱.

01 60
He made clothes out of **fibers** stronger than iron.
히 메이드 클로우즈 아웉 오브 파이버r즈 스추롱거r 댄 아이언.

transform	slight	fever	cold	desire	better
state	confusion	due to	failure	glide	gentle
slope	choose	random	number	from A to B	roar
citizen	have to	follow	country	law	minister
candle	candlestick	clothes	fiber	stronger	iron

01 51 The robot **transformed** its body into a car.
그 로봇은 몸을 자동차로 변형시켰다.

01 52 I have a **slight** fever because of my cold.
나는 감기 때문에 약간의 열이 있다.

01 53 My brother **desires** better toys.
내 동생은 더 좋은 장난감을 바란다.

01 54 She is in a **state** of confusion due to her failure.
그녀는 실패때문에 혼란의 상태다.

01 55 I **glided** on a gentle slope.
나는 완만한 산비탈에서 미끄러졌다.

01 56 Choose a **random** number from 1 to 10.
1에서 10까지 중 임의의 숫자를 골라라.

01 57 The mouse heard the lion **roar**.
쥐는 사자가 으르렁하는 것을 들었다.

01 58 Citizens have to follow their country's **laws**.
시민들은 나라의 법을 잘 따라야 한다.

01 59 The minister put a candle on the **candlestick**.
그 목사는 양초를 촛대에 놓았다.

01 60 He made clothes out of **fibers** stronger than iron.
그는 철보다 더 강한 섬유로 옷을 만들었다.

변형시키다	약간의	열	감기	바라다	더 좋은
상태	혼란	~때문에	실패	미끄러지다	완만한
산비탈	고르다	무작위의	숫자	A에서 B까지	으르렁거리다
시민	해야만 한다	따르다	나라	법	목사
양초	촛대	옷	섬유	더 강한	철

009 day   Step 1   발음편

01 61 Edison eventually **invented** the light bulb.
에디쓴 이벤추을리 인벤틴 더 라잍 벌브.

01 62 She laughed loudly at my **joke**.
쉬 래프트 라우들리 앹 마이 조우크.

01 63 He put a **burden** on the donkey's back.
히 풑 어 버:r든 온 더 덩키스 백.

01 64 She **betrayed** my trust in her.
쉬 비추뤠이드 마이 추뤄스트 인 허r.

01 65 He is a **selfish** man who thinks only of himself.
히 이즈 어 쎌피쉬 맨 후 띵쓰 온리 어브 힘쎌프.

01 66 Unfortunately, her effort was in **vain**.
언포:r춰널리, 허r 에퍼r트 워즈 인 베인.

01 67 The **sailor** threw a net at the whale.
더 쎄일러r 쓰루 어 넽 앹 더 웨일.

01 68 I like **classical** music more than pop music.
아이 라잌 클래씨클 뮤직 모어r 댄 팦 뮤직.

01 69 I usually travel in my **leisure** time.
아이 유즈얼리 추뤠블 인 마이 리:줘r 타임.

01 70 I will return to my **native** country after my retirement.
아이 윌 뤼턴 투 마이 네이티브 컨추뤼 애프터r 마이 뤼타이어r멘트.

eventually	invent	light bulb	laugh	loudly	joke
burden	donkey	back	betray	trust	selfish
think of	unfortunately	effort	vain	sailor	throw
net	whale	classical	more than~	pop music	usually
travel	leisure	return	native	after	retirement

42

01 61
Edison eventually **invented** the light bulb.
에디슨은 드디어 백열전구를 발명했다.

01 62
She laughed loudly at my **joke**.
그녀는 나의 농담에 큰소리로 웃었다.

01 63
He put a **burden** on the donkey's back.
그는 당나귀의 등에 짐을 실었다.

01 64
She **betrayed** my trust in her.
그녀는 그녀에 대한 나의 신뢰를 배반했다.

01 65
He is a **selfish** man who thinks only of himself.
그는 자신만 생각하는 이기적인 남자다.

01 66
Unfortunately, her effort was in **vain**.
불행하게도 그녀의 노력은 헛된 것이었다.

01 67
The **sailor** threw a net at the whale.
선원이 고래를 향해 그물을 던졌다.

01 68
I like **classical** music more than pop music.
나는 대중음악보다 더 고전의 음악을 좋아한다.

01 69
I usually travel in my **leisure** time.
한가한 시간에 나는 보통 여행을 한다.

01 70
I will return to my **native** country after my retirement.
난 은퇴 후에 태어난 나라로 돌아갈 것이다.

☐ 드디어	☐ 발명하다	☐ 백열전구	☐ 웃다	☐ 큰소리로	☐ 농담
☐ 짐	☐ 당나귀	☐ 등	☐ 배반하다	☐ 신뢰	☐ 이기적인
☐ ~을 생각하다	☐ 불행하게도	☐ 노력	☐ 헛된	☐ 선원	☐ 던지다
☐ 그물	☐ 고래	☐ 고전의	☐ ~보다 더	☐ 대중음악	☐ 보통
☐ 여행하다	☐ 여가	☐ 돌아가다	☐ 태어난 곳의	☐ ~후에	☐ 은퇴

009 day

009 day

009 day Step **2** 발음편

01 71 The **military's** attack began at dawn.
더 밀리테뤼즈 어택 비겐 앹 돈:.

01 72 The bird lives on a small island in the **Pacific**.
더 버r드 리브즈 온 어 스멀 아일랜드 인 더 퍼씨픽.

01 73 Nuclear weapons are a big **threat** to world peace.
뉴클리어r 웨뻔스 아r 어 빅 쓰뤹 투 워:r을드 피쓰.

01 74 The **mushroom** looks like a sea jellyfish.
더 머쉬룸 룩쓰 라잌 어 씨 쩰리피쉬.

01 75 He placed the emergency patient on the **stretcher**.
히 플레이쓰(트) 디 이머r�줜씨 페이션트 온 더 스추뤠춰r.

01 76 She sent her daughter on a letter **errand**.
쉬 센트 허r 도:러r 온 어 레러r 에뤈드.

01 77 The witch developed a drug to **arouse** monsters.
더 윝취 디벨럽트 어 주뤅 투 어롸우즈 만:스떠r스.

01 78 He **discovered** a star similar to Earth.
히 디스커붜r드 어 스따r 씨믈러r 투 어r쓰.

01 79 **Suppose** you are in heaven now.
써포우즈 유 아r 인 헤븐 나우.

01 80 People are floating a **raft** on the Han River.
피쁠 아r 플로우팅 어 뤠프트 온 더 한 뤼버r.

military	attack	begin	dawn	island	Pacific
nuclear	weapon	threat	peace	mushroom	look like
jellyfish	place	emergency	patient	stretcher	daughter
errand	witch	develop	drug	arouse	discover
similar	Earth	suppose	heaven	float	raft

01
71
The **military's** attack began at dawn.
군사의 공격이 새벽에 시작되었다.

01
72
The bird lives on a small island in the **Pacific**.
그 새는 태평양의 작은 섬에 산다.

01
73
Nuclear weapons are a big **threat** to world peace.
핵무기는 세계 평화에 큰 위협이다.

01
74
The **mushroom** looks like a sea jellyfish.
버섯은 바다의 해파리처럼 보인다.

01
75
He placed the emergency patient on the **stretcher**.
그는 응급환자를 들것에 놓았다.

01
76
She sent her daughter on a letter **errand**.
그녀는 딸을 편지 심부름을 보냈다.

01
77
The witch developed a drug to **arouse** monsters.
마녀는 괴물을 깨울 약물을 개발했다.

01
78
He **discovered** a star similar to Earth.
그는 지구와 비슷한 별을 발견했다.

01
79
Suppose you are in heaven now.
네가 지금 천국에 있다고 가정해봐라.

01
80
People are floating a **raft** on the Han River.
사람들이 한강에 뗏목을 띄우고 있다.

군사의	공격	시작되다	새벽	섬	태평양
핵의	무기	위협	평화	버섯	~처럼 보이다
해파리	놓다	응급	환자	들것	딸
심부름	마녀	개발하다	약물	깨우다	발견하다
비슷한	지구	가정하다	천국	띄우다	뗏목

0181 Let's go **someplace** for dinner this evening.
렡츠 고우 썸플레이쓰 포r 디너r 디쓰 이브닝.

0182 He built a **monument** for the soldiers.
히 빌트 어 마:뉴멘트 포r 더 쏘울줘r스.

0183 I will **memorize** 100 words.
아이 윌 메머롸이즈 원 헌드뤨 워r즈.

0184 He set a goal for the new year in **January**.
히 쎝 어 고울 포r 더 뉴 이어r 인 줴뉴어뤼.

0185 She's an honest real estate **broker**.
쉬즈 언 아:니스트 뤼을 이스테잍 브로우커r.

0186 We bravely defeated the **invader**.
위 브뤠이블리 디피릳 디 인베이더r.

0187 The sparrows hid in the **bush**.
더 스빼로우스 힏 인 더 부쉬.

0188 The students followed the teacher's **instructions**.
더 스튜든츠 팔로우(드) 더 티:처r스 인스추뤅션쓰.

0189 He wiped his **forehead** with the back of his hand.
히 와잎트 히즈 포r헤드 위드 더 백 어브 히즈 핸드.

0190 A strange sound aroused my **curiosity**.
어 스추뤠인쥐 싸운드 어롸우즈드 마이 큐뤼아:써디.

Let's~	someplace	this evening	build	monument	soldier
memorize	word	set	goal	new year	January
honest	real estate	broker	bravely	defeat	invader
sparrow	hide	bush	follow	instruction	wipe
forehead	back	strange	sound	arouse	curiosity

01 81 Let's go **someplace** for dinner this evening.
오늘 저녁은 어딘가에 가서 먹자.

01 82 He built a **monument** for the soldiers.
그는 군인들을 위한 기념비를 세웠다.

01 83 I will **memorize** 100 words.
나는 단어 100개를 암기할 것이다.

01 84 He set a goal for the new year in **January**.
그는 1월에 새해 목표를 정했다.

01 85 She's an honest real estate **broker**.
그녀는 정직한 부동산 중개인이다.

01 86 We bravely defeated the **invader**.
우리는 용감하게 침략자를 물리쳤다.

01 87 The sparrows hid in the **bush**.
참새들이 덤불 속에 숨었다.

01 88 The students followed the teacher's **instructions**.
학생들이 선생님의 지시를 따랐다.

01 89 He wiped his **forehead** with the back of his hand.
그는 손등으로 이마를 닦았다.

01 90 A strange sound aroused my **curiosity**.
이상한 소리가 나의 호기심을 깨웠다.

~하자	어딘가	오늘 저녁	세우다	기념비	군인
암기하다	단어	정하다	목표	새해	1월
정직한	부동산	중개인	용감하게	물리치다	침략자
참새	숨다	덤불	따르다	지시	닦다
이마	뒤	이상한	소리	깨우다	호기심

01 91 Her **criticism** of the movie is severe.
허r 크뤼티씨즘 어브 더 무비 이즈 씨비어r.

01 92 I will judge you in the name of **justice**.
아이 윌 줘줘 유 인 더 네임 어브 줘스티쓰.

01 93 He stamped the **rank** on the cow's back.
히 스탬트 더 뤵크 온 더 카우쓰 백.

01 94 The **chemist** is experimenting with drugs.
더 케미스트 이즈 엑스뻬뤼멘팅 위드 드뤕쓰.

01 95 The giraffe has long and **slender** legs.
더 쥐뢔프 해즈 롱 앤 슬렌더r 렉즈.

01 96 The criminal secretly **escaped** from prison.
더 크뤼미늘 씨크뤹리 이스케잎트 프뤔 프뤼즌.

01 97 There is an **inquiry** about goods from a customer.
데어r 이즈 언 인쿠워뤼 어바울 굳즈 프뤔 어 커스터머r.

01 98 I have a severe **ache** in my chest and belly.
아이 해브 어 씨비어r 에이크 인 마이 췌스트 앤드 벨리.

01 99 The company **advertised** a new refrigerator.
더 컴뻐니 애드버r타이즈드 어 뉴 뤼프뤼쥐뤠이러r.

02 00 I **revived** the dead people with dragon balls.
아이 뤼바이브(드) 더 데드 피쁠 위드 드뤠건 볼즈.

criticism	severe	judge	justice	stamp	rank
back	chemist	experiment	drug	giraffe	slender
criminal	secretly	escape	prison	there is~	inquiry
goods	customer	ache	chest	belly	company
advertise	refrigerator	revive	dead	people	dragon

**01
91**
Her **criticism** of the movie is severe.
영화에 대한 그녀의 비평은 가혹하다.

**01
92**
I will judge you in the name of **justice**.
내가 정의의 이름으로 너를 심판할 것이다.

**01
93**
He stamped the **rank** on the cow's back.
그는 소의 등에 등급을 도장찍었다.

**01
94**
The **chemist** is experimenting with drugs.
그 화학자는 약물 실험을 하고 있다.

**01
95**
The giraffe has long and **slender** legs.
기린은 길고 날씬한 다리를 가졌다.

**01
96**
The criminal secretly **escaped** from prison.
범죄자가 감옥에서 몰래 도망갔다.

**01
97**
There is an **inquiry** about goods from a customer.
고객에게서 제품에 대한 문의가 있다.

**01
98**
I have a severe **ache** in my chest and belly.
나는 가슴과 배에 심한 통증이 있다.

**01
99**
The company **advertised** a new refrigerator.
그 회사는 새 냉장고를 광고했다.

**02
00**
I **revived** the dead people with dragon balls.
난 죽은 사람들을 드래곤볼로 부활시켰다.

비평	가혹한	심판하다	정의	도장을 찍다	등급
등	화학자	실험	약물	기린	날씬한
범죄자	몰래	도망가다	감옥	~이 있다	문의
제품	고객	통증	가슴	배	회사
광고하다	냉장고	부활시키다	죽은	사람들	용

표제어 리뷰 테스트

MP3 듣기

01	crosswalk	21	stale	41	spill	61	bond	81	stranger
02	resource	22	cricket	42	ability	62	soil	82	audience
03	German	23	illness	43	pronunciation	63	industrial	83	soar
04	muscle	24	ash	44	widen	64	challenge	84	giant
05	breast	25	scold	45	beggar	65	loser	85	baby sitter
06	witness	26	indeed	46	noun	66	ivy	86	recommend
07	harm	27	kidding	47	construct	67	hatch	87	endless
08	install	28	ceremony	48	burglar	68	downward	88	slam
09	boost	29	endure	49	imagine	69	interest	89	ape
10	bulletin	30	toothpaste	50	attend	70	pace	90	option
11	quarter	31	central	51	minimal	71	parade	91	silly
12	primary	32	appreciate	52	fluid	72	hate	92	salesperson
13	forbid	33	bride	53	opinion	73	detect	93	appear
14	brilliant	34	correct	54	assist	74	print	94	recent
15	unfortunately	35	fond	55	defense	75	ladder	95	birthplace
16	airline	36	huge	56	independent	76	craft	96	burst
17	somebody	37	useless	57	steel	77	fierce	97	profit
18	mood	38	mass	58	astonishing	78	clay	98	blend
19	vital	39	cone	59	consist	79	background	99	handshake
20	cottage	40	dash	60	item	80	fireworks	00	conduct

표제어 리뷰 테스트

MP3 듣기

01	wheel	21	period	41	deserve	61	invent	81	someplace
02	introduce	22	confuse	42	utter	62	joke	82	monument
03	figure	23	float	43	northern	63	burden	83	memorize
04	prairie	24	iron	44	tease	64	betray	84	January
05	widow	25	private	45	especially	65	selfish	85	broker
06	result	26	excitement	46	export	66	vain	86	invader
07	title	27	dock	47	backward	67	sailor	87	bush
08	notice	28	youth	48	lottery	68	classical	88	instruction
09	fuel	29	license	49	swell	69	leisure	89	forehead
10	likely	30	mild	50	carbon	70	native	90	curiosity
11	delight	31	criminal	51	transform	71	military	91	criticism
12	pause	32	trim	52	slight	72	Pacific	92	justice
13	volunteer	33	eleventh	53	desire	73	threat	93	rank
14	calculator	34	hurl	54	state	74	mushroom	94	chemist
15	apart	35	witch	55	glide	75	stretcher	95	slender
16	complain	36	lively	56	random	76	errand	96	escape
17	sunset	37	iceberg	57	roar	77	arouse	97	inquiry
18	spell	38	wonder	58	law	78	discover	98	ache
19	wagon	39	knowledge	59	candlestick	79	suppose	99	advertise
20	swear	40	necessary	60	fiber	80	raft	00	revive

정답

01	횡단보도	21	상한	41	엎지르다	61	유대	81	낯선 사람
02	자원	22	귀뚜라미	42	능력	62	흙	82	청중
03	독일의	23	질병	43	발음	63	산업의	83	치솟다
04	근육	24	재	44	넓히다	64	도전	84	거인
05	가슴	25	꾸짖다	45	거지	65	실패자	85	아이 보는 사람
06	목격자	26	정말로	46	명사	66	담쟁이덩굴	86	추천하다
07	해를 입히다	27	농담	47	건설하다	67	알에서 깨다	87	끝이 없는
08	설치하다	28	의식	48	강도	68	아래쪽으로	88	꽝 닫다
09	북돋우다	29	참다	49	상상하다	69	흥미	89	원숭이
10	공고	30	치약	50	출석하다	70	걸음걸이	90	선택
11	4분의 1	31	중앙의	51	최소의	71	행렬	91	어리석은
12	주요한	32	감사하다	52	액체	72	싫어하다	92	판매원
13	금지하다	33	신부	53	의견	73	발견하다	93	나타나다
14	빛나는	34	맞는	54	돕다	74	인쇄하다	94	최근의
15	불행하게도	35	좋아하는	55	방어	75	사다리	95	출생지
16	항공기	36	거대한	56	독립한	76	기술	96	터지다
17	누군가	37	쓸모없는	57	강철	77	사나운	97	이익
18	기분	38	큰 덩어리	58	놀라운	78	점토	98	섞이다
19	생명유지의	39	원뿔	59	구성되다	79	배경	99	악수
20	오두막	40	돌진하다	60	항목	80	불꽃놀이	00	수행하다

정답

01	바퀴	21	기간	41	~ 할 만하다	61	발명하다	81	어딘가
02	소개하다	22	혼동시키다	42	말하다	62	농담	82	기념비
03	사람	23	떠다니다	43	북쪽의	63	짐	83	암기하다
04	대초원	24	철	44	놀리다	64	배반하다	84	1월
05	미망인	25	사적인	45	특별히	65	이기적인	85	중개인
06	결과	26	흥분	46	수출하다	66	헛된	86	침략자
07	제목	27	부두	47	뒤쪽으로	67	선원	87	덤불
08	안내문	28	젊음	48	복권	68	고전의	88	지시
09	연료	29	자격증	49	부풀다	69	여가	89	이마
10	~ 할 것 같은	30	온화한	50	탄소	70	태어난 곳의	90	호기심
11	기쁨	31	범죄자	51	변형시키다	71	군사의	91	비평
12	정지시키다	32	다듬다	52	약간의	72	태평양	92	정의
13	자원봉사자	33	11번째	53	바라다	73	위협	93	등급
14	계산기	34	던지다	54	상태	74	버섯	94	화학자
15	떨어져	35	마녀	55	미끄러지다	75	들것	95	날씬한
16	불평하다	36	활기 넘치는	56	무작위의	76	심부름	96	도망가다
17	일몰	37	빙산	57	으르렁 거리다	77	깨우다	97	문의
18	철자를 말하다	38	궁금하다	58	법	78	발견하다	98	통증
19	짐마차	39	지식	59	촛대	79	가정하다	99	광고하다
20	맹세하다	40	필요한	60	섬유	80	뗏목	00	부활시키다

011일
-
020일

02장

영어 공부 잘하는 법

02 01
I'm **anxious** about my father's health.
아임 앵셔스 어바웉 마이 파더r스 헬쓰.

02 02
He drew a **horizontal** line from the left.
히 드로 어 호:뤼잔:틀 라인 프뤔 더 레프트.

02 03
She did rock **climbing** indoors.
쉬 딛 롹 클라이밍 인도어r즈.

02 04
They keep the wine in the **basement**.
데이 킾 더 와인 인 더 베이쓰멘트.

02 05
She **dragged** a heavy suitcase.
쉬 드뤡드 어 헤비 수웉케이쓰.

02 06
The technician had a hard time **fixing** the stove.
더 테크니션 핻 어 하r드 타임 픽씽 더 스토우브.

02 07
The soldiers were **equiped** with guns and knives.
더 쏘울줘r쓰 워r 이쿠윞트 위드 건즈 앤(드) 나이브즈.

02 08
My **pride** got hurt because of his rudeness.
마이 프롸이드 같 허r트 비코:즈 어브 히즈 루드네쓰.

02 09
The emperor's **tomb** is as big as a hill.
디 엠퍼뤄r스 툼: 이즈 애즈 빅 애즈 어 힐.

02 10
The train is **approaching** Seoul Station.
더 추뤠인 이즈 어프로우췽 써울 스테이션.

anxious	health	draw	horizontal	line	rock
climbing	indoors	wine	basement	drag	heavy
suitcase	technician	hard	fix	stove	soldier
equip	gun	knife	pride	hurt	because of
rudeness	emperor	tomb	hill	approach	station

02 01 I'm **anxious** about my father's health.
나는 아버지의 건강을 걱정한다.

02 02 He drew a **horizontal** line from the left.
그는 왼쪽부터 가로의 선을 그었다.

02 03 She did rock **climbing** indoors.
그녀는 실내에서 암벽 등산을 했다.

02 04 They keep the wine in the **basement**.
그들은 포도주를 지하실에 보관한다.

02 05 She **dragged** a heavy suitcase.
그녀는 무거운 여행 가방을 끌었다.

02 06 The technician had a hard time **fixing** the stove.
그 기술자는 난로를 힘들게 고쳤다.

02 07 The soldiers were **equiped** with guns and knives.
군인들은 총들과 칼들로 갖췄다.

02 08 My **pride** got hurt because of his rudeness.
나는 그의 무례함때문에 나의 자존심이 상했다.

02 09 The emperor's **tomb** is as big as a hill.
황제의 무덤은 언덕만큼이나 크다.

02 10 The train is **approaching** Seoul Station.
기차가 서울역으로 접근하고 있다.

걱정하는	건강	그리다	가로의	선	암벽
등산	실내에서	포도주	지하실	끌다	무거운
여행 가방	기술자	힘든	고치다	난로	군인
장비를 갖추다	총	칼	자존심	상하게 하다	~때문에
무례함	황제	무덤	언덕	접근하다	역

02 11
You're so **competent** that you can solve this problem.
유어r 쏘우 캄:피텐트 댙 유 캔 쌀:브 디쓰 프롸블럼.

02 12
The **crocodile** and the hippo fought in the river.
더 크롸:커다일 앤(드) 더 히포우 팥 인 더 뤼버r.

02 13
The spring breeze is **softly** blowing in the forest.
더 스프륑 브뤼즈 이즈 쏘:프들리 블로윙 인 더 포뤠스트.

02 14
She takes a **pill** every day because of her illness.
쉬 테익쓰 어 필 에브뤼 데이 비코:즈 어브 허r 일네쓰.

02 15
The enemy has a **powerful** weapon.
디 에너미 해즈 어 파워r플 웨뻔.

02 16
"I won", he **exclaimed**.
"아이 원". 히 익스클레임드.

02 17
Don't push me **aside** anymore.
도운(트) 푸쉬 미 어싸이드 에니모어r.

02 18
The **barber** neatly cut my hair.
더 바r버r 니:들리 컽 마이 헤어r.

02 19
He rolled the **dice** and got six.
히 로울(드) 더 다이쓰 앤(드) 같 씩쓰.

02 20
If I don't know the word, I **refer** to the dictionary.
이프 아이 도운(트) 노우 더 워r드, 아이 뤼퍼r 투 더 딕셔네뤼.

competent	solve	problem	crocodile	hippo	fight
river	spring	breeze	softly	blow	forest
pill	every day	illness	enemy	powerful	weapon
win	exclaim	push	aside	anymore	barber
neatly	roll	dice	if	refer to~	dictionary

02 11 You're so **competent** that you can solve this problem.
넌 유능해서 이 문제 풀 수 있다.

02 12 The **crocodile** and the hippo fought in the river.
악어와 하마가 강에서 싸웠다.

02 13 The spring breeze is **softly** blowing in the forest.
봄바람이 숲에서 부드럽게 불고 있다.

02 14 She takes a **pill** every day because of her illness.
그녀는 질병 때문에 매일 알약을 먹는다.

02 15 The enemy has a **powerful** weapon.
적은 강력한 무기를 가졌다.

02 16 "I won", he **exclaimed**.
그는 "내가 이겼다"라고 소리쳤다.

02 17 Don't push me **aside** anymore.
더 이상 나를 옆으로 밀지 마라.

02 18 The **barber** neatly cut my hair.
이발사는 내 머리를 단정하게 깎았다.

02 19 He rolled the **dice** and got six.
그는 주사위를 굴려서 6이 나왔다.

02 20 If I don't know the word, I **refer** to the dictionary.
난 단어를 모르면 난 사전을 참조한다.

유능한	풀다	문제	악어	하마	싸우다
강	봄	산들바람	부드럽게	불다	숲
알약	매일	질병	적	강력한	무기
이기다	소리치다	밀다	옆으로	더 이상	이발사
단정하게	굴리다	주사위	만약 ~ 라면	~을 참조하다	사전

02 21 The sick person **groaned** with pain.
더 씩 퍼r쓴 그로운드 위드 페인.

02 22 The **fortune** goddess came to him this time.
더 포:r춘 가데쓰 케임 투 힘 디쓰 타임.

02 23 Foreigners envy the Seoul **metro**.
포뤼너r쓰 엔비 더 써울 메추로우.

02 24 What on earth is the **origin** of living things?
월 온 어r쓰 이즈 디 오:뤼쥔 어브 리빙 띵쓰?

02 25 Your face **reminds** me of my sister.
유어r 페이쓰 뤼마인즈 미 어브 마이 씨쓰터r.

02 26 The **carver** carved a mermaid out of stone.
더 카:r뻐r 카r브드 어 머r메이드 아울 어브 스또운.

02 27 A **toxic** substance leaked from the factory.
어 탁:씩 썹스뗀쓰 릭트 프뤔 더 팩토뤼.

02 28 We have an **average** of 25 students in every class.
위 해브 언 애버뤼쥐 어브 트웨니 파이브 스튜든츠 인 에브뤼 클래쓰.

02 29 The **headquarter** of the company is in Seoul.
더 헤드쿠오:r더r 어브 더 컴뻐니 이즈 인 써울.

02 30 The baby is sleeping comfortably in the **cradle**.
더 베이비 이즈 슬리핑 컴프터블리 인 더 크뤠이들.

sick	person	groan	pain	fortune	goddess
this time	foreigner	envy	metro	on earth	origin
living thing	remind of~	carver	carve	mermaid	~out of
stone	toxic	substance	leak	factory	average
class	headquarter	company	sleep	comfortably	cradle

58

02 21 The sick person **groaned** with pain.
아픈 사람이 고통으로 신음했다.

02 22 The **fortune** goddess came to him this time.
행운의 여신이 이번에 그를 찾아왔다.

02 23 Foreigners envy the Seoul **metro**.
외국인들은 서울 지하철을 부러워한다.

02 24 What on earth is the **origin** of living things?
도대체 생물의 기원은 무엇일까?

02 25 Your face **reminds** me of my sister.
너의 얼굴은 내게 내 여동생을 생각나게 한다.

02 26 The **carver** carved a mermaid out of stone.
그 조각가는 돌로 인어를 조각했다.

02 27 A **toxic** substance leaked from the factory.
그 공장에서 유독한 물질이 새어 나왔다.

02 28 We have an **average** of 25 students in every class.
한 반에 평균 25명의 학생이 있다.

02 29 The **headquarter** of the company is in Seoul.
그 회사의 본부는 서울에 있다.

02 30 The baby is sleeping comfortably in the **cradle**.
아기가 요람에서 편하게 잠자고 있다.

☐ 아픈	☐ 사람	☐ 신음하다	☐ 고통	☐ 행운	☐ 여신
☐ 이번에	☐ 외국인	☐ 부러워하다	☐ 지하철	☐ 도대체	☐ 기원
☐ 생물	☐ 생각나게 하다	☐ 조각가	☐ 조각하다	☐ 인어	☐ ~으로
☐ 돌	☐ 유독한	☐ 물질	☐ 새다	☐ 공장	☐ 평균
☐ 반	☐ 본부	☐ 회사	☐ 잠자다	☐ 편안하게	☐ 요람

012 day Step **2** 발음편

02 31 He **translates** English to Korean.
히 추뤤슬레이츠 잉글리쉬 투 코뤼언.

02 32 Everyone knew about the secret **except** for me.
에브뤼원 뉴 어바웉 더 시크뤨 엑쎕트 포r 미.

02 33 She is enjoying the **view** of the sunrise.
쉬 이즈 인조잉 더 뷰: 어브 더 썬롸이즈.

02 34 **Awake** or asleep, he thinks of her.
어웨이크 오어r 어슬맆, 히 띵쓰 어브 허r.

02 35 An **idle** person has a hard time succeeding.
언 아이들 퍼r쓴 해즈 어 하r(드) 타임 썩씨딩.

02 36 Her voice is **tender** but powerful.
허r 보이쓰 이즈 텐더r 벝 파워r플.

02 37 Air conditioners **consume** a lot of electricity.
에어r 컨디셔너r쓰 컨슘: 어 랕 어브 일렉추뤼씨디.

02 38 I was scared when the big dogs **barked**.
아이 워즈 스케어r드 웬 더 빅 독즈 박:r트.

02 39 I receive things in advance and I pay **afterward**.
아이 뤼씨브 띵쓰 인 애드밴쓰 앤(드) 아이 페이 애프터r워드.

02 40 The wolf started to **howl** in the woods.
더 월프 스타r틷 투 하울 인 더 우즈.

translate	English	Korean	everyone	secret	except for~
enjoy	view	sunrise	awake	asleep	think of~
idle	hard	succeed	voice	tender	powerful
air conditioner	consume	electricity	scared	bark	receive
in advance	pay	afterward	wolf	howl	woods

60

02 31 He **translates** English to Korean.
그는 영어를 한국어로 번역한다.

02 32 Everyone knew about the secret **except** for me.
나를 제외하고 모든 사람이 비밀을 알고 있었다.

02 33 She is enjoying the **view** of the sunrise.
그녀는 일출의 경치를 즐기고 있다.

02 34 **Awake** or asleep, he thinks of her.
깨어 있으나 자나 그는 그녀를 생각한다.

02 35 An **idle** person has a hard time succeeding.
게으른 사람은 성공하기 어렵다.

02 36 Her voice is **tender** but powerful.
그녀의 목소리는 부드럽지만 강렬하다.

02 37 Air conditioners **consume** a lot of electricity.
에어컨은 많은 전기를 소비한다.

02 38 I was scared when the big dogs **barked**.
나는 큰 개들이 짖을 때 무서웠다.

02 39 I receive things in advance and I pay **afterward**.
난 미리 물건을 받고 후에 돈을 낸다.

02 40 The wolf started to **howl** in the woods.
늑대가 숲에서 울기 시작했다.

번역하다	영어	한국어	모든 사람	비밀	~을 제외하고
즐기다	경치	일출	깨어 있는	자고 있는	~을 생각하다
게으른	어려운	성공하다	목소리	부드러운	강렬한
에어컨	소비하다	전기	무서워하는	짖다	받다
미리	지불하다	나중에	늑대	울다	숲

02
41 I work as an **operator** at a telephone company.
아이 워r크 애즈 언 아:퍼뤠이러r 앹 어 텔러포운 컴뻐니.

02
42 There are many young **monks** at the temple.
데어r 아r 메니 영 멍쓰 앹 더 템플.

02
43 The brave **warrior** defeated the huge dragon.
더 브뤠이브 워:리어r 디피릳 더 휴쥐 드뤠건.

02
44 He put a **label** on the wine bottle.
히 풑 어 레이블 온 더 와인 바를.

02
45 I **bet** all my fortune on his victory.
아이 벹 올 마이 포:r춘 온 히즈 빅토뤼.

02
46 I was so **upset** that I scolded my son.
아이 워즈 쏘우 엎셑 댙 아이 스코울딛 마이 썬.

02
47 The man ignored the traffic **signal**.
더 맨 이그노어r(드) 더 추뤠픽 씨그늘.

02
48 **Fortunately**, she was not hurt badly.
포:r추널리, 쉬 워즈 낱 허r트 배들리.

02
49 I **furnished** him with the accurate information.
아이 퍼r니쉬트 힘 위드 더 애큐렅 인퍼r메이션.

02
50 Bad weather **ruined** our trip.
배드 웨더r 루:인드 아워r 추뤺.

as~	operator	telephone	there are~	young	monk
temple	**brave**	warrior	**defeat**	huge	dragon
label	bet	**fortune**	victory	upset	scold
ignore	**traffic**	signal	**fortunately**	badly	**furnish**
accurate	information	**bad**	weather	ruin	trip

02 41 I work as an **operator** at a telephone company.
나는 전화회사에서 전화 교환원으로 일한다.

02 42 There are many young **monks** at the temple.
그 절에는 많은 어린 수도사가 있다.

02 43 The brave **warrior** defeated the huge dragon.
용감한 전사가 거대한 용을 물리쳤다.

02 44 He put a **label** on the wine bottle.
그는 포도주병에 상표를 붙였다.

02 45 I **bet** all my fortune on his victory.
나는 그의 우승에 전 재산을 내기했다.

02 46 I was so **upset** that I scolded my son.
나는 너무 속상해서 아들을 꾸짖었다.

02 47 The man ignored the traffic **signal**.
그 남자는 교통 신호를 무시했다.

02 48 **Fortunately**, she was not hurt badly.
운 좋게 그녀는 심하게 다치지 않았다.

02 49 I **furnished** him with the accurate information.
나는 그에게 정확한 정보를 제공했다.

02 50 Bad weather **ruined** our trip.
나쁜 날씨가 우리의 여행을 망쳤다.

☐ ~로서	☐ 전화 교환원	☐ 전화	☐ ~이 있다	☐ 어린	☐ 수도사
☐ 절	☐ 용감한	☐ 전사	☐ 물리치다	☐ 거대한	☐ 용
☐ 상표	☐ 내기를 걸다	☐ 재산	☐ 승리	☐ 속상한	☐ 꾸짖다
☐ 무시하다	☐ 교통	☐ 신호	☐ 운 좋게도	☐ 심하게	☐ 제공하다
☐ 정확한	☐ 정보	☐ 나쁜	☐ 날씨	☐ 망치다	☐ 여행

013 day

 발음편

02 51 I sent a party **invitation** to a relative.
아이 쎈트 어 파r디 인버테이션 투 어 뤨러티브.

02 52 Who **else** are you working with?
후 엘쓰 아r 유 워r킹 위드?

02 53 The government **declared** the result of the election.
더 거번멘트 디클레어r(드) 더 뤼절트 어브 디 일렉션.

02 54 He is a **French** man from France.
히 이즈 어 프뤤취 맨 프뤔 프뤤쓰.

02 55 It was dark so he turned on the car's **headlight**.
잍 워즈 다r크 쏘우 히 턴드 온 더 카r즈 헤들라잍.

02 56 I can **relax** because the final exam was over.
아이 캔 뤼랙쓰 비코:즈 더 파이늘 이그잼 워즈 오우버r.

02 57 She bought her parents' gifts with her **allowance**.
쉬 밭: 허r 페어뤤츠 기프츠 위드 허r 얼라완쓰.

02 58 I get paid a salary for my **labor**.
아이 겥 페이드 어 쌜러뤼 포r 마이 레이버r.

02 59 Leave right now, **otherwise** you'll be late.
리브 롸잍 나우, 아더r와이즈 유일 비 레잍.

02 60 I have not seen him at all **nowadays**.
아이 해브 낱 씬 힘 앹 올 나우어데이즈.

send	invitation	relative	else	government	declare
result	election	French	France	dark	turn on
headlight	relax	final	exam	over	buy
parents	gift	allowance	pay	salary	labor
leave	right now	otherwise	late	not ~at all	nowadays

64

02
51
I sent a party **invitation** to a relative.
나는 친척에게 파티 초대장을 보냈다.

02
52
Who **else** are you working with?
그 밖에 누구와 함께 일을 하고 있나요?

02
53
The government **declared** the result of the election.
정부는 선거의 결과를 선포했다.

02
54
He is a **French** man from France.
그는 프랑스에서 온 프랑스의 사람이다.

02
55
It was dark so he turned on the car's **headlight**.
그는 어두워서 차의 전조등을 켰다.

02
56
I can **relax** because the final exam was over.
기말고사가 끝났기 때문에 나는 휴식할 수 있다.

02
57
She bought her parents' gifts with her **allowance**.
그녀는 용돈으로 부모님 선물을 샀다.

02
58
I get paid a salary for my **labor**.
나는 나의 노동에 대해서 월급을 지급받는다.

02
59
Leave right now, **otherwise** you'll be late.
지금 당장 떠나라 그렇지 않으면 너는 늦겠다.

02
60
I have not seen him at all **nowadays**.
요즈음 나는 그를 전혀 만나지 못했다.

보내다	초대장	친척	그 밖에	정부	선포하다
결과	선거	프랑스의	프랑스	어두운	~을 켜다
전조등	휴식하다	마지막의	시험	끝이 난	사다
부모님	선물	용돈	지불하다	월급	노동
떠나다	지금 당장	그렇지 않으면	늦은	전혀 ~아니다	요즈음

0261 She found a **familiar** face at the party.
쉬 파운드 어 퍼밀리어r 페이쓰 앹 더 파r디.

0262 There is an absolute God in each **religion**.
데어r 이즈 언 앱썰룻 갇 인 이취 륄리쥔.

0263 Spiderman shot a web from a **cliff**.
스파이더r맨 샽 어 웹 프룀 어 클리프.

0264 This **vessel** is useful in the kitchen.
디쓰 베쓸 이즈 유스플 인 더 키췬.

0265 A swallow is **twittering** on a branch.
어 스왈로우 이즈 트위터륑 온 어 브뤤취.

0266 She got **rid** of the dust in the basement.
쉬 같 륃 어브 더 더스트 인 더 베이쓰멘트.

0267 He **applied** for a driver's license test.
히 어플라이드 포r 어 드롸이버r쓰 라이쎈쓰 테스트.

0268 I like the **harmony** of colors in this painting.
아이 라잌 더 하:r머니 어브 컬러r스 인 디쓰 페인팅.

0269 I **should** exercise to stay healthy.
아이 슏 엑썰싸이즈 투 스테이 헬씨.

0270 She's **wishful** to travel to Europe.
쉬즈 위쉬플 투 추뤠블 투 유로웊.

find	familiar	absolute	God	each	religion
spider	shoot	web	cliff	vessel	useful
kitchen	swallow	twitter	branch	get rid of	dust
basement	apply for	driver	license	harmony	painting
should	exercise	stay	healthy	wishful	travel

02 61 She found a **familiar** face at the party.
그녀는 파티에서 익숙한 얼굴을 발견했다.

02 62 There is an absolute God in each **religion**.
각각의 종교에는 절대적인 신이 존재한다.

02 63 Spiderman shot a web from a **cliff**.
스파이더맨이 절벽에서 거미줄을 쐈다.

02 64 This **vessel** is useful in the kitchen.
이 그릇은 부엌에서 유용하다.

02 65 A swallow is **twittering** on a branch.
제비가 나뭇가지 위에서 지저귀고 있다.

02 66 She got **rid** of the dust in the basement.
그녀는 지하실의 먼지를 제거했다.

02 67 He **applied** for a driver's license test.
그는 운전면허 시험에 신청했다.

02 68 I like the **harmony** of colors in this painting.
나는 이 그림에 있는 색깔의 조화를 좋아한다.

02 69 I **should** exercise to stay healthy.
나는 건강을 유지하기 위해 운동을 해야만 한다.

02 70 She's **wishful** to travel to Europe.
그녀는 유럽으로 여행가길 갈망한다.

☐ 발견하다	☐ 익숙한	☐ 절대적인	☐ 신	☐ 각각	☐ 종교
☐ 거미	☐ 쏘다	☐ 거미줄	☐ 절벽	☐ 그릇	☐ 유용한
☐ 부엌	☐ 제비	☐ 지저귀다	☐ 나뭇가지	☐ 제거하다	☐ 먼지
☐ 지하실	☐ 신청하다	☐ 운전자	☐ 면허증	☐ 조화	☐ 그림
☐ 해야만 한다	☐ 운동하다	☐ 그대로 있다	☐ 건강한	☐ 갈망하는	☐ 여행하다

02 71 His **witty** speech made the audience laugh.
히즈 위티 스삐취 메읻 디 오디언쓰 래프.

02 72 This picture shows an **ancient** funeral.
디쓰 픽처r 쑈우즈 언 에이션트 퓨너뤌.

02 73 He **proposed** a new plan at the meeting.
히 프러포우즈드 어 뉴 플랜 앹 더 미링.

02 74 Our shop sells **handmade** bags.
아워r 샵 쎌즈 핸드메일 백즈.

02 75 Elementary schools provide **basic** education.
엘레멘추뤼 스쿨즈 프러바이드 베이씩 에주케이션.

02 76 The police suspected he used **fake** money.
더 펄:리쓰 써스펙틴 히 유즈드 페잌 머니.

02 77 The **winner** of the match will take the prize money.
더 위너r 어브 더 맬취 윌 테잌 더 프롸이즈 머니.

02 78 Ironman **survived** the enemy's attack.
아이언맨 써r바이브(드) 디 에너미즈 어탴.

02 79 The office **hired** a competent staff.
디 오피쓰 하이어r드 어 컴:피텐(트) 스태프.

02 80 The two countries signed a peace **agreement**.
더 투 컨추뤼즈 싸인드 어 피:쓰 어그뤼:멘트.

witty	speech	audience	laugh	picture	ancient
funeral	propose	plan	meeting	sell	handmade
elementary	provide	basic	education	suspect	fake
winner	match	prize	survive	enemy	attack
hire	competent	staff	country	sign	agreement

02 71
His **witty** speech made the audience laugh.
그의 재치있는 연설은 청중을 웃게 했다.

02 72
This picture shows an **ancient** funeral.
이 그림은 고대의 장례식을 보여준다.

02 73
He **proposed** a new plan at the meeting.
그는 회의에서 새 계획을 제안했다.

02 74
Our shop sells **handmade** bags.
우리 가게는 수제의 가방을 판다.

02 75
Elementary schools provide **basic** education.
초등학교는 기초의 교육을 제공한다.

02 76
The police suspected he used **fake** money.
경찰은 그가 가짜의 돈을 썼다고 의심한다.

02 77
The **winner** of the match will take the prize money.
시합의 우승자가 상금을 받는다.

02 78
Ironman **survived** the enemy's attack.
아이언 맨은 적의 공격에서 살아남았다.

02 79
The office **hired** a competent staff.
그 사무실은 유능한 직원을 고용했다.

02 80
The two countries signed a peace **agreement**.
두 나라는 평화 합의에 서명했다.

재치있는	연설	청중	웃다	그림	고대의
장례식	제안하다	계획	회의	팔다	수제의
초보의	제공하다	기초의	교육	의심하다	가짜의
우승자	시합	상	살아남다	적	공격
고용하다	유능한	직원	나라	서명하다	합의

02 81
Soldiers always **defend** their country.
쏘울줘r쓰 올웨이즈 디펜드 데어r 컨추뤼.

02 82
He **generally** goes to bed at ten.
히 줴너뤌리 고우즈 투 베드 앹 텐.

02 83
She **invested** one billion in the company.
쉬 인베스틷 원 빌리언 인 더 컴뻐니.

02 84
The **author** only writes detective stories.
디 오:써r 온리 롸이츠 디텍티브 스토뤼즈.

02 85
Add 8 again to the total.
애드 에잍 어겐 투 더 토우를.

02 86
He's worried about his mother's **sickness**.
히즈 워뤼드 어바웉 히즈 마더r즈 씨크네쓰.

02 87
The recent **economic** crisis is serious.
더 뤼쓴트 이커나:믹 크롸이씨스 이즈 씨뤼어쓰.

02 88
She laid a **thick** carpet in the living room.
쉬 레이드 어 띡 카r펱 인 더 리빙 룸.

02 89
He found an important **clue** for the case.
히 파운드 언 임포:r튼(트) 클루: 포r 더 케이쓰.

02 90
Minsu is the **host** of the welcome party today.
민수 이즈 더 호우스트 어브 더 웰컴 파r디 투데이.

soldier	always	defend	country	generally	go to bed
invest	billion	company	author	write	detective
story	add	again	total	worry	sickness
recent	economic	crisis	serious	lay	thick
living room	important	clue	case	host	welcome

02 81 Soldiers always **defend** their country.
군인들이 항상 나라를 방어한다.

02 82 He **generally** goes to bed at ten.
그는 일반적으로 10시에 잠자리에 든다.

02 83 She **invested** one billion in the company.
그녀는 10억을 그 회사에 투자했다.

02 84 The **author** only writes detective stories.
그 저자는 오로지 탐정 이야기를 쓴다.

02 85 **Add** 8 again to the total.
합계에 8을 다시 더해라.

02 86 He's worried about his mother's **sickness**.
그는 어머니의 질병으로 걱정이다.

02 87 The recent **economic** crisis is serious.
최근의 경제의 위기는 심각하다.

02 88 She laid a **thick** carpet in the living room.
그녀는 거실에 두꺼운 카펫을 깔았다.

02 89 He found an important **clue** for the case.
그는 사건의 중요한 단서를 발견했다.

02 90 Minsu is the **host** of the welcome party today.
민수가 오늘 환영 파티의 주인이다.

군인	항상	방어하다	나라	일반적으로	자다
투자하다	10억	회사	저자	쓰다	탐정
이야기	더하다	다시	합계	걱정하게 하다	질병
최근의	경제의	위기	심각한	놓다	두꺼운
거실	중요한	단서	사건	주인	환영

02 91 I left my **wallet** on the bus.
아이 레프트 마이 월렡 온 더 버쓰.

02 92 Rock climbing is a perfect **indoor** exercise.
롹 클라이밍 이즈 어 퍼r펙트 인도:어r 엑써r싸이즈.

02 93 Let's **switch** the subject of the story to culture.
레츠 스위취 더 써브젝트 어브 더 스토뤼 투 컬춰r.

02 94 **Acid** meets base to make a salt.
애씯 미츠 베이쓰 투 메이크 어 쏠트.

02 95 This hotel **serves** beef for breakfast.
디쓰 호우텔 써:r브즈 비프 포r 브뤸퍼스트.

02 96 A swarm of bees are **stinging** my arms and legs.
어 스웜 어브 비즈 아r 스팅잉 마이 암즈 앤(드) 렉즈.

02 97 This book provides an **index** at the end.
디쓰 북 프로바이즈 언 인덱쓰 앹 디 엔드.

02 98 A **healthy** mind lives in a healthy body.
어 헬띠 마인드 리브즈 인 어 헬띠 바디.

02 99 I sent a **congratulation** card to him.
아이 쎈트 어 컨그뤠츌레이션 카r드 투 힘.

03 00 She put **fragrant** candles in the room.
쉬 풑 프뤠이그뤈트 캔들즈 인 더 룸.

leave	wallet	rock	climbing	perfect	indoor
exercise	switch	subject	culture	acid	meet
base	salt	serve	beef	breakfast	swarm
bee	sting	provide	index	end	healthy
mind	live	body	congratulation	fragrant	candle

02 91 I left my **wallet** on the bus.
나는 지갑을 버스에 놓고 내렸다.

02 92 Rock climbing is a perfect **indoor** exercise.
암벽등반은 실내의 운동으로 완벽하다.

02 93 Let's **switch** the subject of the story to culture.
이야기의 주제를 문화로 바꾸자.

02 94 **Acid** meets base to make a salt.
산은 염기와 만나서 소금을 만든다.

02 95 This hotel **serves** beef for breakfast.
이 호텔은 아침식사로 소고기를 제공한다.

02 96 A swarm of bees are **stinging** my arms and legs.
벌떼가 내 팔과 다리를 찌르고 있다.

02 97 This book provides an **index** at the end.
이 책은 끝에서 색인을 제공한다.

02 98 A **healthy** mind lives in a healthy body.
건강한 신체에 건전한 정신이 깃든다.

02 99 I sent a **congratulation** card to him.
난 그에게 축하 카드를 보냈다.

03 00 She put **fragrant** candles in the room.
그녀는 향기가 나는 양초를 방에 두었다.

두고 가다	지갑	암벽	등반	완벽한	실내의
운동	바꾸다	주제	문화	산	만나다
염기	소금	제공하다	소고기	아침 식사	떼
벌	찌르다	제공하다	색인	끝	건강한
마음	살다	신체	축하	향기가 나는	양초

03 01 He stabbed the monster with a **flaming** sword.
히 스탭드 더 만:스터r 위드 어 플레이밍 쏘:r드.

03 02 I am **seeking** the answer to that problem.
아이 엠 씨:킹 디 앤써r 투 댈 프롸블럼.

03 03 He lives with his grandma because he is an **orphan**.
히 리브즈 위드 히즈 그뤤드마 비코:즈 히 이즈 언 오:r펀.

03 04 He always **pretended** to be rich.
히 올웨이즈 프뤼텐딛 투 비 뤼취.

03 05 The **angle** of the rectangle is 90 degrees.
디 앵글 어브 더 뤡탱글 이즈 나인티 디그뤼즈.

03 06 He solved difficult math questions **easily**.
히 쌀:브드 디피컬트 매쓰 쿠에스천스 이:즐리.

03 07 The couple walked the **path** in the forest.
더 커플 웤트 더 패쓰 인 더 포:뤠스트.

03 08 I wrote an article about him in the **local** newspaper.
아이 로웉 언 아r티클 어바웉 힘 인 더 로우클 뉴스페이뻐r.

03 09 The dolphin **leapt** high above the water.
더 달:핀 렢트 하이 어버브 더 워러r.

03 10 They found a **mummy** in Egypt.
데이 파운드 어 머미 인 이짚트.

stab	monster	flaming	sword	seek	answer
problem	grandma	orphan	always	pretend	rich
angle	rectangle	degree	solve	difficult	question
easily	couple	path	forest	write	article
local	newspaper	dolphin	leap	above	mummy

03 01 He stabbed the monster with a **flaming** sword.
그는 불타는 검으로 괴물을 찔렀다.

03 02 I am **seeking** the answer to that problem.
나는 그 문제의 해답을 찾고 있다.

03 03 He lives with his grandma because he is an **orphan**.
그는 고아라서 할머니와 산다.

03 04 He always **pretended** to be rich.
그는 항상 부유한 것처럼 가장했다.

03 05 The **angle** of the rectangle is 90 degrees.
직사각형의 각도는 90도다.

03 06 He solved difficult math questions **easily**.
그는 어려운 수학 문제를 쉽게 풀었다.

03 07 The couple walked the **path** in the forest.
부부는 숲에 있는 작은 길을 걸었다.

03 08 I wrote an article about him in the **local** newspaper.
난 그에 관한 기사를 현지의 신문에 썼다.

03 09 The dolphin **leapt** high above the water.
돌고래가 물 위로 높이 뛰었다.

03 10 They found a **mummy** in Egypt.
그들은 미라를 이집트에서 발견했다.

☐ 찌르다	☐ 괴물	☐ 불타는	☐ 검	☐ 찾다	☐ 해답
☐ 문제	☐ 할머니	☐ 고아	☐ 항상	☐ ~인 척하다	☐ 부유한
☐ 각도	☐ 직사각형	☐ 도	☐ 풀다	☐ 어려운	☐ 문제
☐ 쉽게	☐ 부부	☐ 작은 길	☐ 숲	☐ 쓰다	☐ 기사
☐ 현지의	☐ 신문	☐ 돌고래	☐ 뛰다	☐ ~위로	☐ 미라

**03
11**
The army and **navy** are training together.
디 아r미 앤(드) 네이비 아r 추뤠이닝 투게더r.

**03
12**
Repeat exactly what I said.
뤼피:트 이그제틀리 웥 아이 쎄드.

**03
13**
The **professor** teaches physics hard.
더 프러페써r 티:취r쓰 피직쓰 하r드.

**03
14**
Dogs are generally sensitive to **scent**.
독즈 아r �줴네뤌리 쎈서티브 투 쎈트.

**03
15**
The guests are searching for the **exit**.
더 게스츠 아r 써r칭 포r 디 엑씯.

**03
16**
Parents feed and **clothe** their children.
페어뤈츠 피드 앤(드) 클로우드 데어r 췰드뤈.

**03
17**
She writes diaries **daily** without missing a day.
쉬 롸이츠 다이어뤼즈 데일리 위따웉 미씽 어 데이.

**03
18**
Refer to the **sample** attached to the document.
뤼퍼r 투 더 쌤플 어탯취(트) 투 더 다큐멘트.

**03
19**
He counted the eggs in the bird's **nest**.
히 카운틷 디 엑즈 인 더 버r즈 네스트.

**03
20**
He asked a lot of **embarrassing** questions.
히 애슼트 어 랕 어브 임배뤄씽 쿠에스천스.

army	navy	train	together	repeat	exactly
professor	physics	hard	generally	sensitive	scent
guest	search	exit	parents	feed	clothe
children	diary	daily	without	miss	refer to~
attach	document	count	nest	embarrassing	question

03
11
The army and **navy** are training together.
육군과 해군이 함께 훈련하고 있다.

03
12
Repeat exactly what I said.
내가 말한 것을 정확히 반복해 봐라.

03
13
The **professor** teaches physics hard.
그 교수는 물리학을 열심히 가르친다.

03
14
Dogs are generally sensitive to **scent**.
일반적으로 개는 냄새에 민감하다.

03
15
The guests are searching for the **exit**.
손님들이 출구를 찾고 있다.

03
16
Parents feed and **clothe** their children.
부모는 아이들을 먹이고 옷을 입힌다.

03
17
She writes diaries **daily** without missing a day.
그녀는 빼먹지 않고 일기를 매일 쓴다.

03
18
Refer to the **sample** attached to the document.
문서에 첨부된 견본을 참조하세요.

03
19
He counted the eggs in the bird's **nest**.
그는 새의 둥지의 알 개수를 세었다.

03
20
He asked a lot of **embarrassing** questions.
그는 난처한 질문을 많이 했다.

육군	해군	훈련하다	함께	반복하다	정확히
교수	물리학	열심히	일반적으로	민감한	냄새
손님	찾다	출구	부모님	먹을 걸 주다	옷을 입히다
아이들	일기	매일	~없이	놓치다	~을 참조하다
첨부하다	서류	세다	둥지	난처한	질문

03 21 The captain told the **crew** to raise the anchor.
더 캡튼 토울(드) 더 크루: 투 뤠이즈 디 앵커r.

03 22 This **device** measures the temperature and humidity.
디쓰 디바이쓰 메저r즈 더 템퍼뤼처r 앤(드) 휴미디티.

03 23 I spend my money within my **budget**.
아이 스뻰드 마이 머니 위띤 마이 버쥗.

03 24 Jenny is a really smart and **lovely** woman.
줴니 이즈 어 뤼을리 스마r트 앤(드) 러블리 워먼.

03 25 The fireman tried artificial respiration on the **dummy**.
더 파이어r맨 추롸이드 아r티피셜 뤠스뻐뤠이션 온 더 더미.

03 26 Wait here **till** I come back.
웨잍 히어r 틸 아이 컴 백.

03 27 She wiped the table with a **damp** cloth.
쉬 와잎(트) 더 테이블 위드 어 댐프 클로:쓰.

03 28 He wears **cotton** pants in his free time.
히 웨어r쓰 캍:은 팬츠 인 히즈 프뤼 타임.

03 29 The sick person is in a dangerous **condition**.
더 씩 퍼r쓴 이즈 인 어 데인줘뤄쓰 컨디션.

03 30 The nurse stung my arm with a **needle**.
더 너r쓰 스텅 마이 암 위드 어 니:들.

captain	crew	raise	anchor	device	measure
temperature	humidity	spend	within	budget	smart
lovely	fireman	artificial	respiration	dummy	till
wipe	damp	cloth	wear	cotton	pants
free time	dangerous	condition	nurse	sting	needle

03 21 The captain told the **crew** to raise the anchor.
선장은 승무원에게 닻을 올리라고 말했다.

03 22 This **device** measures the temperature and humidity.
이 장치는 온도와 습도를 측정한다.

03 23 I spend my money within my **budget**.
나는 내 예산안에서 돈을 소비한다.

03 24 Jenny is a really smart and **lovely** woman.
제니는 정말 영리하고 사랑스러운 여자다.

03 25 The fireman tried artificial respiration on the **dummy**.
소방관이 인체모형에 인공호흡을 시도했다.

03 26 Wait here **till** I come back.
내가 돌아올 때까지 여기서 기다려라.

03 27 She wiped the table with a **damp** cloth.
그녀는 축축한 천으로 탁자를 닦았다.

03 28 He wears **cotton** pants in his free time.
그는 자유시간에는 면바지를 입는다.

03 29 The sick person is in a dangerous **condition**.
아픈 사람이 위험한 상태에 있다.

03 30 The nurse stung my arm with a **needle**.
간호사가 바늘을 내 팔에 찔렀다.

☐ 선장	☐ 승무원	☐ 올리다	☐ 닻	☐ 장치	☐ 측정하다
☐ 온도	☐ 습도	☐ 소비하다	☐ 안에서	☐ 예산	☐ 영리한
☐ 사랑스러운	☐ 소방관	☐ 인공의	☐ 호흡	☐ 인체모형	☐ ~까지
☐ 닦다	☐ 축축한	☐ 천	☐ 입다	☐ 면직물	☐ 바지
☐ 자유시간	☐ 위험한	☐ 상태	☐ 간호사	☐ 찌르다	☐ 바늘

Step 2 발음편

017 day

---

03 31 There's a graduation in **February** this year.
데어r즈 어 그뤠주에이션 인 페브뤄뤼 디쓰 이어r.

03 32 There is a **proverb** that says, 'Time is gold'.
데어r 이즈 어 프롸:버r브 댙 쎄스, '타임 이즈 고울드.'

03 33 The people **elected** a new president.
더 피쁠 일렉틷 어 뉴 프뤠지든트.

03 34 He **carved** the stone to build a statue.
히 카r브(드) 더 스토운 투 빌드 어 스태추.

03 35 The **hunter** shot the gun towards the bird.
더 헌터r 샽 더 건 투워r즈 더 버r드.

03 36 The mountain **peak** is covered in snow.
더 마운튼 피:크 이즈 커버r드 인 스노우.

03 37 She believes in the existence of angels and **devils**.
쉬 블리브즈 인 디 이그지스떤쓰 어브 에인줠즈 앤 데블즈.

03 38 The gardener dug out the soil with the **spade**.
더 가r드너r 더그 아울 더 쏘일 위드 더 스뻬이드.

03 39 She pulled the horse's **reins** to make it stop.
쉬 풀(드) 더 호r쎄쓰 뤠인즈 투 메이크 잍 스땊.

03 40 On a rainy day the floor is dirty with **mud**.
온 어 뤠이니 데이 더 플로어r 이즈 더r티 위드 머드.

---

graduation	February	this year	proverb	gold	people
elect	president	carve	stone	build	statue
hunter	shoot	toward	peak	cover	believe
existence	angel	devil	gardener	dig out	soil
spade	rein	rainy	floor	dirty	mud

80

**03
31** <u>There's</u> a <u>graduation</u> in **February** <u>this year</u>.
올해는 2월에 졸업식이 있다.

**03
32** <u>There</u> <u>is</u> a **proverb** <u>that</u> <u>says</u>, '<u>Time</u> <u>is</u> <u>gold</u>'.
'시간은 금이다'라는 속담이 있다.

**03
33** <u>The people</u> **elected** a new president.
국민은 새로운 대통령을 선출했다.

**03
34** He **carved** <u>the stone</u> <u>to build</u> a statue.
그는 동상을 세우기 위해 돌을 조각했다.

**03
35** The **hunter** <u>shot</u> <u>the gun</u> <u>towards</u> the bird.
사냥꾼이 새를 향해서 총을 쐈다.

**03
36** The <u>mountain</u> **peak** <u>is covered</u> <u>in snow</u>.
산의 봉우리가 눈으로 덮여 있다.

**03
37** She <u>believes</u> <u>in the existence</u> <u>of angels and</u> **devils**.
그녀는 천사와 악마의 존재를 믿는다.

**03
38** The <u>gardener</u> <u>dug out</u> <u>the soil</u> <u>with the</u> **spade**.
정원사는 삽으로 흙을 파냈다.

**03
39** She <u>pulled</u> the horse's **reins** to make it stop.
그녀는 말을 세우기 위해 고삐를 당겼다.

**03
40** On a <u>rainy</u> day the floor is <u>dirty</u> with **mud**.
비 오는 날에는 마룻바닥이 진흙으로 더럽다.

☐ 졸업식	☐ 2월	☐ 올해	☐ 속담	☐ 금	☐ 사람들
☐ 선출하다	☐ 대통령	☐ 조각하다	☐ 돌	☐ 세우다	☐ 동상
☐ 사냥꾼	☐ 쏘다	☐ 향하여	☐ 봉우리	☐ 덮다	☐ 믿다
☐ 존재	☐ 천사	☐ 악마	☐ 정원사	☐ 파내다	☐ 흙
☐ 삽	☐ 고삐	☐ 비가 오는	☐ 마룻바닥	☐ 더러운	☐ 진흙

03 41 A pickpocket stole the woman's **purse**.
어 픽파껫 스토울 더 워먼즈 퍼:r쓰.

03 42 He **worshiped** the Buddha in the temple.
히 워:r쉽트 더 부다 인 더 템플.

03 43 The hospital provides **healthcare** to the patient.
더 하스피를 프러바이즈 헬쓰케어r 투 더 페이션트.

03 44 They are twins but their **characters** are different.
데이 아r 트윈쓰 벝 데어r 캐뤽터r즈 아r 디퍼뤈트.

03 45 There are a lot of dogs in our **neighborhood**.
데어r 아r 어 랕 어브 독즈 인 아워r 네이버r후드.

03 46 Fingerprints are sure **evidence** of crime.
핑거r프륀츠 아r 슈어r 에비던쓰 어브 크롸임.

03 47 I want to **invite** you to the party.
아이 원(트) 투 인바일 유 투 더 파r디.

03 48 Your **trousers** and shirt look good.
유어r 추롸우줘r쓰 앤(드) 셔r트 룩 굳.

03 49 The stream flowed **rapidly** after it rained.
더 스추륌 플로우드 뤠피들리 애프터r 잍 뤠인드.

03 50 He rolled up his **sleeve** to get the injection.
히 로울드 엎 히즈 슬리:브 투 겥 디 인젝션.

pickpocket	steal	purse	worship	Buddha	temple
provide	healthcare	patient	twin	their	character
different	a lot of	neighborhood	fingerprint	sure	evidence
crime	invite	trousers	look good	stream	flow
rapidly	after ~	rain	roll up	sleeve	injection

**03
41** A pickpocket stole the woman's **purse**.
소매치기가 여자의 지갑을 훔쳤다.

**03
42** He **worshiped** the Buddha in the temple.
그는 절에서 부처를 예배했다.

**03
43** The hospital provides **healthcare** to the patient.
병원은 환자에게 건강관리를 제공한다.

**03
44** They are twins but their **characters** are different.
그들은 쌍둥이지만 성격이 다르다.

**03
45** There are a lot of dogs in our **neighborhood**.
우리 동네에는 개가 많다.

**03
46** Fingerprints are sure **evidence** of crime.
지문은 범죄의 확실한 증거다.

**03
47** I want to **invite** you to the party.
나는 너를 파티에 초대하고 싶다.

**03
48** Your **trousers** and shirt look good.
너의 바지와 셔츠가 좋아 보인다.

**03
49** The stream flowed **rapidly** after it rained.
비가 온 후 개울이 빨리 흘렀다.

**03
50** He rolled up his **sleeve** to get the injection.
그는 주사를 맞기 위해 소매를 걷어 올렸다.

☐ 소매치기	☐ 훔치다	☐ 지갑	☐ 예배하다	☐ 부처	☐ 절
☐ 제공하다	☐ 건강관리	☐ 환자	☐ 쌍둥이	☐ 그들의	☐ 성격
☐ 다른	☐ 많은	☐ 동네	☐ 지문	☐ 확실한	☐ 증거
☐ 범죄	☐ 초대하다	☐ 바지	☐ 좋아 보이다	☐ 개울	☐ 흐르다
☐ 빨리	☐ ~후에	☐ 비가 오다	☐ 걷어 올리다	☐ 소매	☐ 주사

018 day

Step **2**

03 51 The professor's lectures are **worth** listening to.
더 프러페서r쓰 렉처r즈 아r 워:r쓰 리쓰닝 투.

03 52 The carriage struggled on the **rough** road.
더 캐뤼쥐 스트뤄글드 온 더 뤄프 로우드.

03 53 He drew circles, triangles and **squares**.
히 주로 써r클쓰, 추롸이앵글즈 앤(드) 스쿠웨어r즈.

03 54 Her **cheeks** turned red with shame.
허r 췰:쓰 턴드 뤤 위드 쉐임.

03 55 I painted a national flag on a **blank** paper.
아이 페인틷 어 네셔늘 플레그 온 어 블랭크 페이퍼r.

03 56 The speed of **wireless** communication is increasing.
더 스삐드 어브 와이어r레쓰 커뮤니케이션 이즈 인크뤼씽.

03 57 He is a new **settler** who just moved in.
히 이즈 어 뉴 세틀러r 후 줘스트 무브드 인.

03 58 She walked **barefoot** on the sand.
쉬 웤트 베어r풑 온 더 쌘드.

03 59 The tribe is far from **civilization**.
더 추롸이브 이즈 파r 프럼 씨블러제이션.

03 60 The store **provides** receipts to its customers.
더 스토어r 프러바이즈 뤼씨:츠 투 잍츠 커스터머r쓰.

professor	lecture	worth	carriage	struggle	rough
draw	circle	triangle	square	cheek	shame
paint	national	flag	blank	speed	wireless
communication	increase	settler	move	barefoot	sand
tribe	far	civilization	provide	receipt	customer

84

03 51 The professor's lectures are **worth** listening to.
그 교수의 강의는 들을 가치가 있다.

03 52 The carriage struggled on the **rough** road.
마차가 거친 길을 힘들게 갔다.

03 53 He drew circles, triangles and **squares**.
그는 원, 삼각형 그리고 정사각형을 그렸다.

03 54 Her **cheeks** turned red with shame.
부끄러워서 그녀의 볼은 빨개졌다.

03 55 I painted a national flag on a **blank** paper.
나는 빈 종이에 국기를 그렸다.

03 56 The speed of **wireless** communication is increasing.
무선 통신의 속도가 증가하고 있다.

03 57 He is a new **settler** who just moved in.
그는 얼마 전 새로 이사 온 정착민이다.

03 58 She walked **barefoot** on the sand.
그녀는 맨발로 모래 위를 걸었다.

03 59 The tribe is far from **civilization**.
그 부족은 문명과 떨어져 있다.

03 60 The store **provides** receipts to its customers.
가게는 손님에게 영수증을 제공한다.

교수	강의	~의 가치가 있는	마차	힘들게 가다	거친
그리다	원	삼각형	정사각형	볼	부끄러움
그리다	국가의	깃발	빈	속도	무선의
통신	증가하다	정착민	이사하다	맨발로	모래
부족	떨어진	문명	제공하다	영수증	손님

03 61 In the spring the trees are beautiful in **blossom**.
인 더 스프링 더 추뤼즈 아r 뷰리플 인 블라:썸.

03 62 My nose is itchy and **runny** because of the cold.
마이 노우즈 이즈 잍취 앤 뤄니 비코:즈 어브 더 코울드.

03 63 He caught a **rat** with a steel trap.
히 캍: 어 뤧 위드 어 스틸 추뢥.

03 64 The fan's blades are slowly **revolving**.
더 팬즈 블레이즈 아r 슬로울리 뤼발빙.

03 65 The police **inspected** the scene of the accident.
더 펄:리쓰 인스펙틷 더 씬 어브 더 액씨던트.

03 66 Apple **seeds** grow and bear fruit.
애쁠 씨:즈 그로우 앤(드) 베어r 프룯.

03 67 He placed rocks in order to cross the **creek**.
히 플레이쓰트 롹쓰 인 오r더r 투 크롸쓰 더 크뤼:크.

03 68 I can **hardly** see her lately.
아이 캔 하:r들리 씨 허r 레잍리.

03 69 You need **minerals** to strengthen your bones.
유 니드 미너뤌쓰 투 스추뤵쓴 유어r 보운즈.

03 70 The doctor developed a treatment for the **disease**.
더 닥터r 디벨로웊트 어 추뤼멘트 포r 더 디지:즈.

spring	blossom	itchy	runny	catch	rat
trap	fan	blade	slowly	revolve	inspect
scene	accident	seed	grow	bear	fruit
place	rock	in order to	creek	hardly	lately
minerals	strengthen	bone	develop	treatment	disease

03 61 In the spring the trees are beautiful in **blossom**.
봄에 나무들은 꽃으로 아름답다.

03 62 My nose is itchy and **runny** because of the cold.
감기 때문에 코가 가렵고 콧물이 흐른다.

03 63 He caught a **rat** with a steel trap.
그는 강철 덫으로 쥐를 잡았다.

03 64 The fan's blades are slowly **revolving**.
선풍기의 날이 느리게 돈다.

03 65 The police **inspected** the scene of the accident.
경찰은 사고 현장을 점검했다.

03 66 Apple **seeds** grow and bear fruit.
사과 씨앗이 자라서 열매를 맺는다.

03 67 He placed rocks in order to cross the **creek**.
그는 개울을 건너기 위해 돌을 놓았다.

03 68 I can **hardly** see her lately.
난 최근에 그녀를 거의 볼 수 없다.

03 69 You need **minerals** to strengthen your bones.
무기질은 뼈를 튼튼히 하는 데 필요하다.

03 70 The doctor developed a treatment for the **disease**.
의사가 그 질병의 치료법을 개발했다.

봄	꽃	가려운	콧물이 흐르는	잡다	쥐
덫	선풍기	날	느리게	돌다	점검하다
현장	사고	씨앗	자라다	맺다	과일
놓다	돌	~하기 위해서	개울	거의 ~ 없다	최근에
무기질	튼튼히 하다	뼈	개발하다	치료법	질병

019 day

Step 2 발음편

03 71 She keeps food in the **refrigerator**.
쉬 킾쓰 푸드 인 더 <u>뤼프뤼쥐뤠</u>이러r.

03 72 The **purpose** of this meeting is to find a solution.
더 퍼:r퍼즈 어브 디쓰 미링 이즈 투 <u>파인드</u> 어 썰루션.

03 73 He worked day and night for the **past** 6 months.
히 웤r트 데이 앤(드) 나일 포r 더 패스트 씩쓰 먼쓰.

03 74 Don't **splash** water on my phone.
도운(트) 스플래쉬 워러r 온 마이 <u>포운</u>.

03 75 The gentle breeze **blew** softly.
더 젠틀 브뤼즈 블루 쏘프틀리.

03 76 The human **spirit** dominates the body.
더 휴먼 스피륄 다머네이츠 더 바디.

03 77 Love is here, there, and **everywhere.**
러브 이즈 히어r, 데어r, 앤(드) <u>에브뤼</u>웨어r.

03 78 The **pile** of books on the desk collapsed.
더 파일 어브 붘쓰 온 더 데스크 컬랲쓰트.

03 79 I **accidentally** spilled my beer on the floor.
아이 액씨더널리 스필드 마이 비어r 온 더 플로어r.

03 80 The warm **sunshine** filled the room.
더 웜 썬샤인 필(드) 더 루:움.

keep	refrigerator	purpose	meeting	find	solution
day and night	past	Don't ~	splash	phone	gentle
breeze	blow	softly	human	spirit	dominate
here	there	everywhere	pile	collapse	accidentally
spill	beer	floor	warm	sunshine	fill

03 71 She keeps food in the **refrigerator**.
그녀는 음식을 냉장고에 보관한다.

03 72 The **purpose** of this meeting is to find a solution.
이 회의의 목적은 해결책을 찾는 것이다.

03 73 He worked day and night for the **past** 6 months.
지난 6개월 동안 그는 밤낮으로 일했다.

03 74 Don't **splash** water on my phone.
내 전화기에 물을 튀기지 마라.

03 75 The gentle breeze **blew** softly.
온화한 산들바람이 부드럽게 불었다.

03 76 The human **spirit** dominates the body.
인간의 정신은 신체를 지배한다.

03 77 Love is here, there, and **everywhere.**
사랑은 여기, 저기, 어디에나 있다.

03 78 The **pile** of books on the desk collapsed.
책상 위의 책더미가 무너졌다.

03 79 I **accidentally** spilled my beer on the floor.
나는 잘못해서 바닥에 맥주를 엎질렀다.

03 80 The warm **sunshine** filled the room.
따뜻한 햇빛이 방안을 가득 채웠다.

☐ 보관하다	☐ 냉장고	☐ 목적	☐ 회의	☐ 찾다	☐ 해결책
☐ 밤낮으로	☐ 지난	☐ ~하지 마라	☐ 튀기다	☐ 전화기	☐ 온화한
☐ 산들바람	☐ 불다	☐ 부드럽게	☐ 인간의	☐ 정신	☐ 지배하다
☐ 여기	☐ 저기	☐ 어디나	☐ 더미	☐ 무너지다	☐ 잘못해서
☐ 엎지르다	☐ 맥주	☐ 마룻바닥	☐ 따뜻한	☐ 햇빛	☐ 채우다

03 81 His decision to get up early is **firm**.
히즈 디씨줜 투 겔 엎 어r리 이즈 펌:.

03 82 Few **visitors** came to this museum.
퓨 비지러r즈 케임 투 디쓰 뮤지엄.

03 83 She **dislikes** dishonest people.
쉬 디슬라잌쓰 디쓰어니스트 피쁠.

03 84 He turned his **handicap** into an advantage.
히 턴드 히즈 핸디캪 인투 언 애드밴티쥐.

03 85 I **attached** the photo to the application.
아이 어태취트 더 포우로우 투 디 애플리케이션.

03 86 He **cherished** his colleagues like his family.
히 췌뤼쉬트 히즈 칼릭쓰 라잌 히즈 페믈리.

03 87 Her room is always **tidy** and clean.
허r 루:움 이즈 올웨이즈 타이디 앤(드) 클린.

03 88 The company's workers wear **uniforms**.
더 컴뻐니쓰 워r커r쓰 웨어r 유니폼:즈.

03 89 She had a wonderful **wedding** at church.
쉬 핸 어 원더r플 웨딩 앹 춰r취.

03 90 The second semester starts in **September**.
더 쎄컨드 쎄미스터r 스타r츠 인 쎕템버r.

decision	get up	early	firm	few	visitor
museum	dislike	dishonest	people	handicap	advantage
attach	photo	application	cherish	colleague	family
always	tidy	clean	worker	wear	uniform
wonderful	wedding	church	second	semester	September

**03
81** His decision to get up early is **firm**.
일찍 일어나겠다는 그의 결심은 확고하다.

**03
82** Few **visitors** came to this museum.
이 박물관에 오는 방문객이 많지 않다.

**03
83** She **dislikes** dishonest people.
그녀는 부정직한 사람들을 매우 싫어한다.

**03
84** He turned his **handicap** into an advantage.
그는 장애를 장점으로 바꿨다.

**03
85** I **attached** the photo to the application.
나는 지원서에 사진을 붙였다.

**03
86** He **cherished** his colleagues like his family.
그는 동료를 가족처럼 소중히 한다.

**03
87** Her room is always **tidy** and clean.
그녀의 방은 항상 정돈되고 깨끗하다.

**03
88** The company's workers wear **uniforms**.
그 회사의 근로자들은 제복을 입는다.

**03
89** She had a wonderful **wedding** at church.
그녀는 멋진 결혼식을 교회에서 치렀다.

**03
90** The second semester starts in **September**.
2학기는 9월에 시작된다.

☐ 결심	☐ 일어나다	☐ 일찍	☐ 확고한	☐ 많지 않은	☐ 방문객
☐ 박물관	☐ 싫어하다	☐ 부정직한	☐ 사람들	☐ 장애	☐ 장점
☐ 붙이다	☐ 사진	☐ 지원서	☐ 소중히 하다	☐ 동료	☐ 가족
☐ 항상	☐ 정돈된	☐ 깨끗한	☐ 근로자	☐ 입다	☐ 제복
☐ 멋진	☐ 결혼식	☐ 교회	☐ 두 번째	☐ 학기	☐ 9월

020 day

 Step **2** 발음편

03 91 She slapped his cheek with her **palm**.
쉬 슬랲트 히즈 췤 위드 허r 팜:.

03 92 Who is the **inventor** of the telephone?
후 이즈 디 인벤터r 어브 더 텔러포운?

03 93 He **pressed** the empty box to reduce its volume.
히 프뤠쓰(트) 디 엠티 박쓰 투 뤼듀쓰 이츠 발륨.

03 94 The flu is spreading **throughout** the country.
더 플루 이즈 스프뤠딩 쓰로:아웉 더 컨추뤼.

03 95 She's **uneasy** about her father's health.
쉬즈 언이:지 어바웉 허r 파더r즈 헬쓰.

03 96 The man is folding **laundry** in the bathroom.
더 맨 이즈 포울딩 론:주뤼 인 더 배쓰룸.

03 97 He went forward **against** the wind.
히 웬트 포r워r드 어겐스(트) 더 윈드.

03 98 The carriage is going down a **rocky** path.
더 캐뤼쥐 이즈 고잉 다운 어 롸키 패쓰.

03 99 He felt **homesick** for his hometown.
히 펠트 호움씩 포r 히즈 호움타운.

04 00 She raised the **value** of the house by repairing it.
쉬 뤠이즈(드) 더 밸류 어브 더 하우쓰 바이 뤼페어륑 잍.

slap	cheek	palm	inventor	telephone	press
empty	reduce	volume	flu	spread	throughout
country	uneasy	health	fold	laundry	bathroom
forward	against	wind	carriage	rocky	path
feel	homesick	hometown	raise	value	repair

03 91
She slapped his cheek with her **palm**.
그녀는 손바닥으로 그의 볼을 때렸다.

03 92
Who is the **inventor** of the telephone?
전화기를 발명한 발명가는 누구인가요?

03 93
He **pressed** the empty box to reduce its volume.
그는 빈 상자를 눌러서 부피를 줄였다.

03 94
The flu is spreading **throughout** the country.
독감이 나라 도처에 퍼지고 있다.

03 95
She's **uneasy** about her father's health.
그녀는 아버지 건강에 대해 불안해한다.

03 96
The man is folding **laundry** in the bathroom.
남자가 욕실에서 세탁물을 접고 있다.

03 97
He went forward **against** the wind.
그는 바람에 반대해서 앞으로 갔다.

03 98
The carriage is going down a **rocky** path.
마차는 돌투성이의 오솔길을 가고 있다.

03 99
He felt **homesick** for his hometown.
그는 고향에 대한 향수병을 느꼈다.

04 00
She raised the **value** of the house by repairing it.
그녀는 집을 수리해서 가치를 올렸다.

찰싹 때리다	볼	손바닥	발명가	전화기	누르다
빈	줄이다	부피	독감	퍼지다	도처에
나라	불안한	건강	접다	세탁물	욕실
앞으로	~에 반대하여	바람	마차	돌투성이의	오솔길
느끼다	향수병을 앓는	고향	올리다	가치	수리하다

01	anxious	21	groan	41	operator	61	familiar	81	defend
02	horizontal	22	fortune	42	monk	62	religion	82	generally
03	climbing	23	metro	43	warrior	63	cliff	83	invest
04	basement	24	origin	44	label	64	vessel	84	author
05	drag	25	remind	45	bet	65	twitter	85	add
06	fix	26	carver	46	upset	66	rid	86	sickness
07	equip	27	toxic	47	signal	67	apply	87	economic
08	pride	28	average	48	fortunately	68	harmony	88	thick
09	tomb	29	headquarter	49	furnish	69	should	89	clue
10	approach	30	cradle	50	ruin	70	wishful	90	host
11	competent	31	translate	51	invitation	71	witty	91	wallet
12	crocodile	32	except	52	else	72	ancient	92	indoor
13	softly	33	view	53	declare	73	propose	93	switch
14	pill	34	awake	54	French	74	handmade	94	acid
15	powerful	35	idle	55	headlight	75	basic	95	serve
16	exclaim	36	tender	56	relax	76	fake	96	sting
17	aside	37	consume	57	allowance	77	winner	97	index
18	barber	38	bark	58	labor	78	survive	98	healthy
19	dice	39	afterward	59	otherwise	79	hire	99	congratulation
20	refer	40	howl	60	nowadays	80	agreement	00	fragrant

표제어 리뷰 테스트

MP3 듣기

01	flaming	21	crew	41	purse	61	blossom	81	firm
02	seek	22	device	42	worship	62	runny	82	visitor
03	orphan	23	budget	43	healthcare	63	rat	83	dislike
04	pretend	24	lovely	44	character	64	revolve	84	handicap
05	angle	25	dummy	45	neighborhood	65	inspect	85	attach
06	easily	26	till	46	evidence	66	seed	86	cherish
07	path	27	damp	47	invite	67	creek	87	tidy
08	local	28	cotton	48	trousers	68	hardly	88	uniform
09	leap	29	condition	49	rapidly	69	minerals	89	wedding
10	mummy	30	needle	50	sleeve	70	disease	90	September
11	navy	31	February	51	worth	71	refrigerator	91	palm
12	repeat	32	proverb	52	rough	72	purpose	92	inventor
13	professor	33	elect	53	square	73	past	93	press
14	scent	34	carve	54	cheek	74	splash	94	throughout
15	exit	35	hunter	55	blank	75	blow	95	uneasy
16	clothe	36	peak	56	wireless	76	spirit	96	laundry
17	daily	37	devil	57	settler	77	everywhere	97	against
18	sample	38	spade	58	barefoot	78	pile	98	rocky
19	nest	39	rein	59	civilization	79	accidentally	99	homesick
20	embarrassing	40	mud	60	provide	80	sunshine	00	value

01	걱정하는	21	신음하다	41	전화 교환원	61	익숙한	81	방어하다
02	가로의	22	행운	42	수도사	62	종교	82	일반적으로
03	등산	23	지하철	43	전사	63	절벽	83	투자하다
04	지하실	24	기원	44	상표	64	그릇	84	저자
05	끌다	25	생각나게 하다	45	내기를 걸다	65	지저귀다	85	더하다
06	고치다	26	조각가	46	속상한	66	제거하다	86	질병
07	장비를 갖추다	27	유독한	47	신호	67	신청하다	87	경제의
08	자존심	28	평균	48	운 좋게도	68	조화	88	두꺼운
09	무덤	29	본부	49	제공하다	69	해야만 하다	89	단서
10	접근하다	30	요람	50	망치다	70	갈망하는	90	주인
11	유능한	31	번역하다	51	초대장	71	재치 있는	91	지갑
12	악어	32	제외하고	52	그 밖에	72	고대의	92	실내의
13	부드럽게	33	경치	53	선포하다	73	제안하다	93	바꾸다
14	알약	34	깨어 있는	54	프랑스인	74	수제의	94	산
15	강력한	35	게으른	55	전조등	75	기초의	95	제공하다
16	소리치다	36	부드러운	56	휴식하다	76	가짜의	96	찌르다
17	옆으로	37	소비하다	57	용돈	77	우승자	97	색인
18	이발사	38	짖다	58	노동	78	살아남다	98	건강한
19	주사위	39	후에	59	그렇지 않으면	79	고용하다	99	축하
20	참조하다	40	울다	60	요즈음	80	합의	00	향기가 나는

01	불타는	21	승무원	41	지갑	61	꽃	81	확고한
02	찾다	22	장치	42	예배하다	62	콧물이 흐르는	82	방문객
03	고아	23	예산	43	건강관리	63	쥐	83	싫어하다
04	~인 척하다	24	사랑스러운	44	성격	64	돌다	84	장애
05	각도	25	인체모형	45	동네	65	점검하다	85	붙이다
06	쉽게	26	~ 까지	46	증거	66	씨앗	86	소중히 하다
07	작은 길	27	축축한	47	초대하다	67	개울	87	정돈된
08	현지의	28	면직물	48	바지	68	거의 ~ 없다	88	제복
09	뛰다	29	상태	49	빨리	69	무기질	89	결혼식
10	미라	30	바늘	50	소매	70	질병	90	9월
11	해군	31	2월	51	가치	71	냉장고	91	손바닥
12	반복하다	32	속담	52	거친	72	목적	92	발명가
13	교수	33	선출하다	53	정사각형	73	지난	93	누르다
14	냄새	34	조각하다	54	볼	74	튀기다	94	도처에
15	출구	35	사냥꾼	55	빈	75	불다	95	불안한
16	옷을 입히다	36	봉우리	56	무선의	76	정신	96	세탁물
17	매일	37	악마	57	정착민	77	어디나	97	~에 반대하여
18	견본	38	삽	58	맨발로	78	더미	98	돌투성이의
19	둥지	39	고삐	59	문명	79	잘못해서	99	향수병을 앓는
20	난처한	40	진흙	60	제공하다	80	햇빛	00	가치

**021일
—
030일**

03장

영어 공부 잘하는 법

04 01 Humans learn languages by **imitation**.
휴먼즈 런 랭귀쥐즈 바이 이미테이션.

04 02 Luffy is a captain wearing a **straw** hat.
루피 이즈 어 캡튼 웨어륑 어 스추로: 햍.

04 03 Don't get me **involved** in your fight.
도운(트) 겥 미 인발브드 인 유어r 파잍.

04 04 The top is **spinning** on the ice.
더 탚 이즈 스피닝 온 디 아이스.

04 05 She is enjoying the **thrill** of the Viking.
쉬 이즈 인조잉 더 쓰륄 어브 더 바이킹.

04 06 The **fireman** is spraying water with the hose.
더 파이어r맨 이즈 스프뤠잉 워러r 위드 더 호우즈.

04 07 NASA found traces of water on **Mars**.
나사 파운드 추뤠씨즈 어브 워러r 온 마:r즈.

04 08 He **sighed** with relief when he saw his son.
히 싸이드 위드 륄리프 웬 히 쏘: 히즈 썬.

04 09 I traveled **abroad** during the long holiday.
아이 추뤠블드 어브로:드 듀어륑 더 롱 할러데이.

04 10 My ancestors' **grave** is covered with grass.
마이 앤쎄스터r즈 그뤠이브 이즈 커버r드 위드 그래쓰.

human	learn	language	imitation	captain	wear
straw	hat	involve	fight	top	spin
enjoy	thrill	fireman	spray	hose	find
trace	Mars	sigh	relief	travel	abroad
during~	holiday	ancestor	grave	cover	grass

04 01 Humans learn languages by **imitation**.
인간은 언어를 모방으로 배운다.

04 02 Luffy is a captain wearing a **straw** hat.
루피는 밀짚 모자를 쓴 선장이다.

04 03 Don't get me **involved** in your fight.
너희들의 싸움에 나를 포함 시키지 마라.

04 04 The top is **spinning** on the ice.
팽이가 얼음 위에서 돌고 있다.

04 05 She is enjoying the **thrill** of the Viking.
그녀는 바이킹의 전율을 즐기고 있다.

04 06 The **fireman** is spraying water with the hose.
소방관이 호스로 물을 뿌리고 있다.

04 07 NASA found traces of water on **Mars**.
나사는 화성에서 물의 흔적을 발견했다.

04 08 He **sighed** with relief when he saw his son.
그는 아들을 보자 안도의 한숨을 쉬었다.

04 09 I traveled **abroad** during the long holiday.
나는 긴 휴가 동안 해외로 여행을 했다.

04 10 My ancestors' **grave** is covered with grass.
나의 조상들의 무덤은 풀로 덮여 있다.

☐ 인간	☐ 배우다	☐ 언어	☐ 모방	☐ 선장	☐ 쓰다
☐ 밀짚	☐ 모자	☐ 포함하다	☐ 싸움	☐ 팽이	☐ 돌다
☐ 즐기다	☐ 전율	☐ 소방관	☐ 뿌리다	☐ 호스	☐ 발견하다
☐ 흔적	☐ 화성	☐ 한숨을 쉬다	☐ 안도	☐ 여행하다	☐ 해외로
☐ ~동안	☐ 휴가	☐ 조상	☐ 무덤	☐ 덮다	☐ 풀

04 11 We **replaced** the roof over the weekend.
위 뤼플레이쓰(트) 더 루프 오우브r 더 위켄드.

04 12 The **Roman** warriors got on the chariots.
더 로우맨 워뤼어r즈 같 온 더 췌뤼어츠.

04 13 He ate kimchi **noodles** for lunch.
히 에일 킴취 누:들즈 포r 런취.

04 14 The boss should listen to the **inner**'s opinions.
더 보:쓰 슏 리쓴 투 디 이너r즈 어피니언즈.

04 15 The **soul** left the body after death.
더 쏘울 레프(트) 더 바디 애프터 데쓰.

04 16 I get precious wisdom from the **saying**.
아이 겥 프뤠셔스 위즈덤 프뤔 더 쎄잉.

04 17 The knight **kneeled** before the king.
더 나일 닐:드 비포r 더 킹.

04 18 Her **original** plan was different from the current one.
허r 오뤼쥐늘 플랜 워즈 디퍼뤈트 프뤔 더 커뤈트 원.

04 19 The **volcano** exploded with lava.
더 발케이노우 엑쓰플로우딛 위드 라바.

04 20 My **elder** brother is two years older than me.
마이 엘더r 브롸더r 이즈 투 이어rz 오울더r 댄 미.

replace	roof	weekend	Roman	warrior	chariot
noodle	lunch	boss	should	inner	opinion
soul	death	precious	wisdom	saying	knight
kneel	before	original	plan	different	current
volcano	explode	lava	elder	old	than~

04 11 We **replaced** the roof over the weekend.
우리는 주말에 지붕을 교체했다.

04 12 The **Roman** warriors got on the chariots.
로마의 전사들이 전차를 탔다.

04 13 He ate kimchi **noodles** for lunch.
그는 점심으로 김치 라면을 먹었다.

04 14 The boss should listen to the **inner**'s opinions.
사장은 내부의 의견을 잘 들어야만 한다.

04 15 The **soul** left the body after death.
영혼이 죽음 후에 육체를 떠났다.

04 16 I get precious wisdom from the **saying**.
나는 격언에서 귀중한 지혜를 얻는다.

04 17 The knight **kneeled** before the king.
그 기사는 왕의 앞에서 무릎을 꿇었다.

04 18 Her **original** plan was different from the current one.
그녀의 최초 계획은 현재의 것과는 다르다.

04 19 The **volcano** exploded with lava.
화산이 용암과 함께 폭발했다.

04 20 My **elder** brother is two years older than me.
나의 손위의 형은 나보다 2살 더 많다.

교체하다	지붕	주말	로마의	전사	전차
라면	점심	사장	해야만 한다	내부의	의견
영혼	죽음	귀중한	지혜	격언	기사
무릎을 꿇다	앞에서	최초의	계획	다른	현재의
화산	폭발하다	용암	손위의	나이가 ~인	~보다

04 21 The couple plans to **wed** next fall.
더 커플 플랜즈 투 웯 넥슬 포:을.

04 22 The **crane** has long and slender legs.
더 크뤠인 해즈 롱 앤(드) 슬렌더r 렉즈.

04 23 She tightly tied the **sneaker's** laces.
쉬 타일리 타이(드) 더 스니커즈 레이쎄쓰.

04 24 He is a librarian at the **public** library.
히 이즈 어 라이브뤠뤼언 앹 더 퍼블릭 라이브뤄뤼.

04 25 Please **edit** this report by Friday.
플리즈 에딭 디쓰 뤼포r트 바이 프롸이데이.

04 26 **Raindrops** fell on my head from the sky.
뤠인주뢒쓰 펠 온 마이 헤드 프뤔 더 스까이.

04 27 Saving money is a **politic** behavior.
쎄이빙 머니 이즈 어 팔러틱 비헤이비어r.

04 28 She put her personal stuff in the **locker**.
쉬 풀 허r 퍼r써늘 스떠프 인 더 라커r.

04 29 I have many **spots** on my face.
아이 해브 메니 스파츠 온 마이 페이쓰.

04 30 The math **examination** was very difficult.
더 매쓰 이그재머네이션 워즈 베뤼 디피컬트.

couple	plan	wed	fall	crane	slender
tightly	tie	sneaker	lace	librarian	public
library	please ~	edit	report	by Friday	raindrop
sky	save	politic	behavior	personal	stuff
locker	many	spot	math	examination	difficult

04 21 The couple plans to **wed** next fall.
그 연인은 내년 가을에 결혼할 계획이다.

04 22 The **crane** has long and slender legs.
학은 길고 날씬한 다리를 가졌다.

04 23 She tightly tied the **sneaker's** laces.
그녀는 운동화의 끈을 단단히 묶었다.

04 24 He is a librarian at the **public** library.
그는 공공의 도서관의 사서다.

04 25 Please **edit** this report by Friday.
이 보고서를 금요일까지 편집해주세요.

04 26 **Raindrops** fell on my head from the sky.
하늘로부터 빗방울이 머리에 떨어졌다.

04 27 Saving money is a **politic** behavior.
돈을 저축하는 것은 현명한 행동이다.

04 28 She put her personal stuff in the **locker**.
그녀는 개인적인 물건을 사물함에 넣는다.

04 29 I have many **spots** on my face.
나는 얼굴에 많은 반점을 가지고 있다.

04 30 The math **examination** was very difficult.
수학 시험은 매우 어려웠다.

연인	계획	결혼하다	가을	학	날씬한
단단히	묶다	운동화	신발끈	사서	공공의
도서관	~해주세요	편집하다	보고서	금요일까지	빗방울
하늘	저축하다	현명한	행동	개인적인	물건
사물함	많은	반점	수학	시험	어려운

04 31	She is boiling water in the **pot**.
	쉬 이즈 보일링 워러r 인 더 팥.

04 32	They keep an **intimate** relationship.
	데이 킾 언 인터밑 륄레이션쉾.

04 33	The **lunar** shape changes with time.
	더 루:너r 쉐잎 췌인쥐쓰 위드 타임.

04 34	These machines work on the same **principle**.
	디즈 머쉰즈 워r크 온 더 쎄임 프륀써플.

04 35	She put an eraser in the desk's **drawer**.
	쉬 풀 언 이뤠이저r 인 더 데슼쓰 주롸:어r.

04 36	What time does your school **usually** end?
	웥 타임 더즈 유:어r 스쿨 유:주을리 엔드?

04 37	The squirrel **buried** peanuts and chestnuts in the ground.
	더 스꾸워r뤌 베뤼드 피너츠 앤 췌스너츠 인 더 그롸운드.

04 38	The instructor provides a **summary** of the lecture.
	디 인스추뤅터r 프러바이즈 어 써머뤼 어브 더 렉쳐r.

04 39	I **deal** soy sauce and tofu with that company.
	아이 딜: 쏘이 쏘:쓰 앤(드) 토우푸: 위드 댙 컴뻐니.

04 40	He's a good **fellow** whom I can trust.
	히즈 어 굳 펠로우 훔 아이 캔 추뤄스트.

boil	pot	keep	intimate	relationship	lunar
shape	with time	machine	work	same	principle
eraser	drawer	usually	end	squirrel	bury
peanut	chestnut	ground	instructor	provide	summary
lecture	deal	soy sauce	tofu	fellow	trust

04 31 She is boiling water in the **pot**.
그녀는 냄비에서 물을 끓이고 있다.

04 32 They keep an **intimate** relationship.
그 둘은 친밀한 관계를 잘 유지한다.

04 33 The **lunar** shape changes with time.
시간에 따라서 달의 모습이 변한다.

04 34 These machines work on the same **principle**.
이 기계들은 같은 원리로 작동한다.

04 35 She put an eraser in the desk's **drawer**.
그녀는 책상 서랍에 지우개를 넣었다.

04 36 What time does your school **usually** end?
너의 학교는 대개 몇 시에 끝나나요?

04 37 The squirrel **buried** peanuts and chestnuts in the ground.
다람쥐는 땅콩과 밤을 땅에 묻었다.

04 38 The instructor provides a **summary** of the lecture.
그 강사는 강의의 요약을 제공한다.

04 39 I **deal** soy sauce and tofu with that company.
나는 그 회사와 간장과 두부를 거래한다.

04 40 He's a good **fellow** whom I can trust.
그는 내가 믿을 수 있는 좋은 녀석이다.

끓이다	냄비	유지하다	친밀한	관계	달의
모습	시간에 따라	기계	작동하다	같은	원리
지우개	서랍	대개	끝나다	다람쥐	묻다
땅콩	밤	땅	강사	제공하다	요약
강의	거래하다	간장	두부	녀석	믿다

04 41 She **relayed** the news to her family.
쉬 **릴:레이(드)** 더 뉴쓰 투 허r **페믈리**.

04 42 I summarized the **entire** content in one sentence.
아이 **써머롸**이즈(드) 디 **인타이어**r 컨텐트 인 원 쎈텐쓰.

04 43 I had to leave home before **sunrise**.
아이 핻 투 리브 호움 비포r **썬롸**이즈.

04 44 The hunter is familiar with this **area**.
더 헌터r 이즈 **퍼밀**리어r 위드 디쓰 에어**뤼**아.

04 45 That employee often **flatters** the boss.
댇 임플로이: 오:픈 **플래**러r즈 더 보:쓰.

04 46 The **shape** of bicycle wheels is a circle.
더 **쉐**잎 어브 바이씨클 윌즈 이즈 어 **써**r클.

04 47 He has the **duty** to support his family.
히 해즈 더 **듀:**리 투 써포r트 히즈 **페믈리**.

04 48 She can't walk well with her leg **injury**.
쉬 캔(트) 월 웰 위드 허r 렉 **인줘뤼**.

04 49 I **repaired** a broken iron.
아이 **뤼**페어r드 어 브로우끈 아이언.

04 50 He **inserted** a coin into the vending machine.
히 **인써**r틷 어 코인 인투 더 **벤**딩 머쉰.

relay	family	summarize	entire	content	sentence
have to	leave	sunrise	hunter	familiar	area
employee	flatter	boss	shape	bicycle	wheel
circle	duty	support	can't	injury	repair
broken	iron	insert	coin	vend	machine

04 41
She **relayed** the news to her family.
그녀는 그 소식을 가족들에게 전달했다.

04 42
I summarized the **entire** content in one sentence.
난 전체의 내용을 한 문장으로 요약했다.

04 43
I had to leave home before **sunrise**.
나는 일출 전에 집을 떠나야만 했다.

04 44
The hunter is familiar with this **area**.
그 사냥꾼은 이 지역에 익숙하다.

04 45
That employee often **flatters** the boss.
저 종업원은 상사에게 자주 아첨한다.

04 46
The **shape** of bicycle wheels is a circle.
자전거 바퀴의 모양은 원이다.

04 47
He has the **duty** to support his family.
그는 가족을 부양할 의무가 있다.

04 48
She can't walk well with her leg **injury**.
그녀는 다리 부상으로 잘 걸을 수 없다.

04 49
I **repaired** a broken iron.
나는 고장 난 다리미를 수리했다.

04 50
He **inserted** a coin into the vending machine.
그는 자동판매기에 동전을 집어넣었다.

전달하다	가족	요약하다	전체의	내용	문장
해야만 한다	떠나다	일출	사냥꾼	익숙한	지역
종업원	아첨하다	상사	모양	자전거	바퀴
원	의무	부양하다	~할 수 없다	부상	수리하다
고장 난	다리미	집어넣다	동전	팔다	기계

023 day

04 51 This material is made of two **elements**.
디쓰 머티뤼얼 이즈 메이드 어브 투 엘러멘츠.

04 52 The cheerleader **cheered** the soccer players.
더 취어r리더r 취어r(드) 더 싸커r 플레이어즈.

04 53 The boxers **stared** at each other in the eyes.
더 박써r즈 스테어rd 앹 이취 아더r 인 디 아이즈.

04 54 He pulled the table towards the **bedside**.
히 풀(드) 더 테이블 투워r즈 더 베드싸이드.

04 55 My **disadvantage** is lack of experience.
마이 디쓰어밴티쥐 이즈 랙 어브 익쓰삐어뤼언쓰.

04 56 Her new clothes **attracted** my attention.
허r 뉴 클로우즈 어추뤡틷 마이 어텐션.

04 57 Have bread and crackers as **appetizers**.
해브 브뤠드 앤(드) 크뤠커r즈 애즈 애퍼타이저r즈.

04 58 I drew a **straight** line with a ruler.
아이 주로 어 스추뤠잍 라인 위드 어 루울러r.

04 59 Dirty hands have many **germs**.
더r디 핸즈 해브 메니 쥠:쓰.

04 60 A family is the smallest **community**.
어 페믈리 이즈 더 스멀리스트 커뮤니티.

material	be made of	element	cheerleader	cheer	soccer
player	boxer	stare	each other	pull	towards
bedside	disadvantage	lack	experience	clothes	attract
attention	have	bread	cracker	appetizer	draw
straight	ruler	dirty	germ	the smallest	community

04 51 This material is made of two **elements**.
이 물질은 2가지 성분으로 만들어졌다.

04 52 The cheerleader **cheered** the soccer players.
그 치어리더는 축구선수를 응원했다.

04 53 The boxers **stared** at each other in the eyes.
권투선수들은 서로의 눈을 응시했다.

04 54 He pulled the table towards the **bedside**.
그는 탁자를 침대 쪽으로 끌어당겼다.

04 55 My **disadvantage** is lack of experience.
나의 경험 부족이 약점이다.

04 56 Her new clothes **attracted** my attention.
그녀의 새 옷은 나의 관심을 끌었다.

04 57 Have bread and crackers as **appetizers**.
전채요리로 빵과 크래커를 드세요.

04 58 I drew a **straight** line with a ruler.
나는 자를 대고 직선의 선을 그렸다.

04 59 Dirty hands have many **germs**.
더러운 손에는 많은 세균이 붙어 있다.

04 60 A family is the smallest **community**.
가족은 가장 작은 공동체다.

☐ 물질	☐ ~로 만들어지다	☐ 성분	☐ 치어리더	☐ 응원하다	☐ 축구
☐ 선수	☐ 권투선수	☐ 응시하다	☐ 서로	☐ 당기다	☐ 향하여
☐ 침대 옆	☐ 약점	☐ 부족	☐ 경험	☐ 옷	☐ 마음을 끌다
☐ 주의	☐ 먹다	☐ 빵	☐ 크래커	☐ 전채요리	☐ 그리다
☐ 직선의	☐ 자	☐ 더러운	☐ 세균	☐ 가장 작은	☐ 공동체

0461 The hunter put meat in the **trap** as bait.
더 헌터r 풀 미:일 인 더 추뢥 애즈 베일.

0462 I don't interfere with her **privacy**.
아이 도운(트) 인터피어r 위드 허r 프롸이버씨.

0463 He died of a **heart attack** last night.
히 다이드 어브 어 하:r트 어택 라스트 나일.

0464 These types of cookies sell well **recently**.
디즈 타잎스 어브 쿠키즈 쎌 웰 뤼:쓴리.

0465 An **automobile** is a necessity for modern people.
언 오:러모우블 이즈 어 네쎄써디 포r 마런 피쁠.

0466 The uncle gave his **niece** a lot of pocket money.
디 엉클 게이브 히즈 니:쓰 어 랕 어브 파킽 머니.

0467 I'll turn my determination into **action**.
아일 턴 마이 디터r머네이션 인투 액션.

0468 Son goku is a battle **clan** known as Warrior.
손 고쿠 이즈 어 배를 클랜 노운 애즈 워뤼어r.

0469 Humans are originally **social** animals.
휴먼즈 아r 오뤼쥐늘리 쏘우셜 애니멀즈.

0470 The parrot's **beak** is short and curved.
더 패뤄츠 비:크 이즈 쇼r트 앤(드) 커r브드.

put	meat	trap	bait	interfere	privacy
die of	heart attack	last night	type	sell well	recently
automobile	necessity	modern	uncle	niece	pocket
determination	action	battle	clan	warrior	human
originally	social	parrot	beak	short	curved

04
61
The hunter put meat in the **trap** as bait.
사냥꾼은 덫에 미끼로 고기를 놓았다.

04
62
I don't interfere with her **privacy**.
나는 그녀의 사생활을 간섭하지 않는다.

04
63
He died of a **heart attack** last night.
그는 어젯밤 심장병으로 죽었다.

04
64
These types of cookies sell well **recently**.
최근에 이런 종류의 과자가 잘 팔린다.

04
65
An **automobile** is a necessity for modern people.
자동차는 현대인의 필수품이다.

04
66
The uncle gave his **niece** a lot of pocket money.
삼촌은 조카딸에게 많은 용돈을 주었다.

04
67
I'll turn my determination into **action**.
나는 나의 결심을 행동으로 옮기겠다.

04
68
Son goku is a battle **clan** known as Warrior.
손고꾸는 전사라 불리는 전투 종족이다.

04
69
Humans are originally **social** animals.
인간은 원래 사회적 동물이다.

04
70
The parrot's **beak** is short and curved.
앵무새의 부리는 짧고 굽었다.

놓다	고기	덫	미끼	간섭하다	사생활
~로 죽다	심장병	어젯밤	종류	잘 팔리다	최근에
자동차	필수품	현대의	삼촌	조카딸	호주머니
결심	행동	전투	종족	전사	인간
원래	사회의	앵무새	부리	짧은	굽은

04 71 He's an urgently **wanted** criminal.
히즈 언 어r줜리 원:틴 크뤼미늘.

04 72 He decided to look for a job **elsewhere**.
히 디싸이딛 투 룩 포r 어 좝 엘쓰웨어r.

04 73 She saw the paper boat **drift**.
쉬 쏘: 더 페이빠r 보웉 주뤼프트.

04 74 The **clerk** put a price tag on the items on the shelf.
더 클러:r크 풑 어 프라이쓰 택 온 디 아이럼즈 온 더 쉘프.

04 75 Take your raincoat on a **stormy** day.
테익 유어r 뤠인코웉 온 어 스토:r미 데이.

04 76 He can't speak clearly because of his injured **jaw**.
히 캔(트) 스삐익 클리어r리 비코:즈 어브 히즈 인줘r드 좌:.

04 77 She put slices of **cucumber** on her face.
쉬 풑 슬라이씨즈 어브 큐:컴버r 온 허r 페이쓰.

04 78 I ordered my steak **well-done**.
아이 오r더r드 마이 스테익 웰-던.

04 79 He got a **doctorate** from the university.
히 같 어 닥터뤹 프뤔 더 유니버r써디.

04 80 I made a line by **twisting** the straw.
아이 메이드 어 라인 바이 트위스팅 더 스추롸:.

urgently	wanted	criminal	decide	look for	elsewhere
paper boat	drift	clerk	price tag	item	shelf
take	raincoat	stormy	speak	clearly	because of
injured	jaw	slice	cucumber	order	steak
well-done	doctorate	university	line	twist	straw

04 71
He's an urgently **wanted** criminal.
그는 긴급하게 수배중인 범죄자다.

04 72
He decided to look for a job **elsewhere**.
그는 다른 곳에서 일을 찾기를 결심했다.

04 73
She saw the paper boat **drift**.
그녀는 종이배가 떠내려가는 것을 봤다.

04 74
The **clerk** put a price tag on the items on the shelf.
점원이 선반 위 상품에 가격표를 붙였다.

04 75
Take your raincoat on a **stormy** day.
폭풍우가 부는 날에는 비옷을 가져가라.

04 76
He can't speak clearly because of his injured **jaw**.
그는 다친 턱때문에 분명하게 말을 못 한다.

04 77
She put slices of **cucumber** on her face.
그녀는 오이 조각을 얼굴에 붙였다.

04 78
I ordered my steak **well-done**.
나는 내 스테이크를 잘 익히도록 주문했다.

04 79
He got a **doctorate** from the university.
그는 대학교에서 박사학위를 받았다.

04 80
I made a line by **twisting** the straw.
나는 밀짚을 꼬아서 줄을 만들었다.

긴급하게	수배중인	범죄자	결심하다	~을 찾다	다른 곳에서
종이배	떠내려 가다	점원	가격표	상품	선반
가져가다	비옷	폭풍우가 부는	말하다	분명하게	~때문에
다친	턱	얇게 썬 조각	오이	주문하다	스테이크
잘 익힌	박사학위	대학교	줄	꼬다	밀짚

025 day

04 81 The crew used the paddle to **steer** the boat.
더 크루 유즈(드) 더 패들 투 스티어r 더 보웉.

04 82 Magnificent **temples** are mainly in the mountains.
매그니피쓴트 템플즈 아r 메인리 인 더 마운튼즈.

04 83 She has **plenty** of money in her wallet.
쉬 해즈 플렌티 어브 머니 인 허r 월렡.

04 84 He didn't **realize** his parents' love for him.
히 디른(트) 뤼:얼라이즈 히즈 페어뤈츠 러브 포r 힘.

04 85 The villagers held a **welcoming** party.
더 빌리줘r쓰 헬드 어 웰커밍 파r디.

04 86 The police put **handcuffs** on his wrists.
더 펄:리쓰 풑 핸드커프쓰 온 히즈 뤼스츠.

04 87 The tree **supplies** oxygen to humans.
더 추뤼 써플라이즈 악씨줜 투 휴먼즈.

04 88 **Voluntary** students are helping teachers.
발런테뤼 스튜든츠 아r 헬핑 티:처r즈.

04 89 **Everyone** wants to live a healthy life.
에브뤼원 원츠 투 리브 어 헬씨 라이프.

04 90 I **recycle** bottles and paper in several ways.
아이 뤼:싸이클 바를즈 앤(드) 페이퍼r 인 쎄버뤌 웨이즈.

crew	paddle	steer	magnificent	temple	mainly
mountain	plenty	wallet	realize	parents	villager
hold	welcoming	police	handcuffs	wrist	supply
oxygen	human	voluntary	teacher	everyone	want
healthy	recycle	bottle	paper	several	way

04 81
The crew used the paddle to **steer** the boat.
선원이 노를 사용해서 배를 조종했다.

04 82
Magnificent **temples** are mainly in the mountains.
웅장한 사원은 주로 산속에 있다.

04 83
She has **plenty** of money in her wallet.
그녀는 지갑에 많은 돈을 가졌다.

04 84
He didn't **realize** his parents' love for him.
그는 부모님의 사랑을 깨닫지 못했다.

04 85
The villagers held a **welcoming** party.
마을 사람들이 환영하는 파티를 열었다.

04 86
The police put **handcuffs** on his wrists.
경찰은 그의 손목에 수갑을 채웠다.

04 87
The tree **supplies** oxygen to humans.
나무는 인간에게 산소를 공급한다.

04 88
Voluntary students are helping teachers.
자발적인 학생들이 선생님들을 돕고 있다.

04 89
Everyone wants to live a healthy life.
모든 사람은 건강한 삶을 살기를 원한다.

04 90
I **recycle** bottles and paper in several ways.
난 몇 가지 방법으로 병과 종이를 재활용한다.

선원	노	조종하다	웅장한	사원	주로
산	많은 양	지갑	깨닫다	부모님	마을 사람
(파티를) 열다	환영하는	경찰	수갑	손목	공급하다
산소	인간	자발적인	선생님	모든 사람	원하다
건강한	재활용하다	병	종이	몇몇의	방법

0491 This spot will **disappear** tomorrow.
디쓰 스팥 윌 디써피어r 투머로우.

0492 The front and **rear** of this boat are very similar.
더 프뤈트 앤(드) 뤼어r 어브 디쓰 보웉 아r 베뤼 씨믈러r.

0493 He **nodded** his head up and down.
히 나딛 히즈 헤드 엎 앤(드) 다운.

0494 My father's unemployment made me stop my **schoolwork.**
마이 파더r즈 언임플로우멘트 메이드 미 스탚 마이 스쿨워:r크.

0495 The child is sucking his **thumb** with his mouth.
더 촤일드 이즈 써킹 히즈 썸 위드 히즈 마우쓰.

0496 The gentleman is generous and **polite**.
더 줸틀맨 이즈 줴너뤄스 앤(드) 펄라잍.

0497 The subway is **crowded** with many people.
더 써브웨이 이즈 크롸우딛 위드 메니 피쁠.

0498 This hen laid **golden** eggs everyday.
디쓰 헨 레이드 고울든 엑즈 에브뤼데이.

0499 I **skipped** the difficult questions during the exam.
아이 스킾트 더 디피컬트 쿠에스춴쓰 듀어륑 디 이그잼.

0500 The young man has a **promising** future.
더 영 맨 해즈 어 프롸미씽 퓨처r.

spot	disappear	tomorrow	front	rear	similar
nod	up and down	unemployment	schoolwork	suck	thumb
mouth	gentleman	generous	polite	subway	crowded
hen	lay	golden	everyday	skip	difficult
question	during~	exam	young	promising	future

04 91 This spot will **disappear** tomorrow.
이 반점은 내일 사라질 것이다.

04 92 The front and **rear** of this boat are very similar.
이 배의 앞쪽과 뒤쪽은 거의 비슷하다.

04 93 He **nodded** his head up and down.
그는 그의 머리를 위아래로 끄덕였다.

04 94 My father's unemployment made me stop my **schoolwork**.
난 아빠의 실직으로 학업을 중단했다.

04 95 The child is sucking his **thumb** with his mouth.
아이가 입으로 엄지손가락을 빨고 있다.

04 96 The gentleman is generous and **polite**.
그 신사는 관대하고 예의가 반듯하다.

04 97 The subway is **crowded** with many people.
지하철은 많은 사람으로 붐빈다.

04 98 This hen laid **golden** eggs everyday.
이 암탉은 매일 금빛의 알을 낳았다.

04 99 I **skipped** the difficult questions during the exam.
나는 시험 동안 어려운 문제는 건너뛰었다.

05 00 The young man has a **promising** future.
그 젊은 남자는 유망한 미래를 가지고 있다.

☐ 반점	☐ 사라지다	☐ 내일	☐ 앞쪽	☐ 뒤쪽	☐ 비슷한
☐ 끄덕이다	☐ 위아래로	☐ 실직	☐ 학업	☐ 빨다	☐ 엄지손가락
☐ 입	☐ 신사	☐ 관대한	☐ 예의 바른	☐ 지하철	☐ 붐비는
☐ 암탉	☐ 알을 낳다	☐ 금빛의	☐ 매일	☐ 건너뛰다	☐ 어려운
☐ 문제	☐ ~동안	☐ 시험	☐ 젊은	☐ 유망한	☐ 미래

05 01 He does not regret his **decision**.
히 더즈 낱 뤼그뤹 히즈 디씨줜.

05 02 She **gazed** at me in amazement.
쉬 게이즈드 앹 미 인 어메이즈멘트.

05 03 I want to be a **pitcher** who pitches balls well.
아이 원(트) 투 비 어 핕춰r 후 핕취즈 볼즈 웰.

05 04 The flag fluttered back and forth in the **breeze**.
더 플래그 플러더r드 백 앤(드) 포r쓰 인 더 브뤼:즈.

05 05 His **former** job was a catcher.
히즈 포:r머r 좝 워즈 어 캪춰r.

05 06 She tied her daughter's hair in a **ponytail**.
쉬 타이드 허r 도:러r즈 헤어r 인 어 포우니테일.

05 07 My sick father **weakly** called my name.
마이 씩 파더r 위:클리 콜드 마이 네임.

05 08 Wealth does not always bring **happiness**.
웰쓰 더즈 낱 올웨이즈 브륑 해피네쓰.

05 09 There is a **grand** door at the castle.
데어r 이즈 어 그뤤드 도어r 앹 더 캐쓸.

05 10 **Teenage** culture is different from adult culture.
티:네이쥐 컬춰r 이즈 디퍼뤈트 프뤔 어덜트 컬춰r.

regret	decision	gaze	amazement	pitcher	pitch
flag	flutter	back and forth	breeze	former	job
catcher	tie	daughter	hair	ponytail	sick
weakly	call	wealth	always	bring	happiness
grand	castle	teenage	culture	different	adult

05 01 He does not regret his **decision**.
그는 그의 결심을 후회하지 않는다.

05 02 She **gazed** at me in amazement.
그녀는 놀라서 나를 응시했다.

05 03 I want to be a **pitcher** who pitches balls well.
나는 공 잘 던지는 투수가 되고 싶다.

05 04 The flag fluttered back and forth in the **breeze**.
깃발이 산들바람에 앞뒤로 펄럭거렸다.

05 05 His **former** job was a catcher.
그의 이전의 직업은 포수였다.

05 06 She tied her daughter's hair in a **ponytail**.
그녀는 딸의 머리를 땋은 머리로 묶었다.

05 07 My sick father **weakly** called my name.
아픈 아빠는 힘없이 나의 이름을 불렀다.

05 08 Wealth does not always bring **happiness**.
부가 항상 행복을 가져오지 않는다.

05 09 There is a **grand** door at the castle.
그 성에는 웅장한 문이 세워져 있다.

05 10 **Teenage** culture is different from adult culture.
10대의 문화는 성인의 문화와는 다르다.

☐ 후회하다	☐ 결심	☐ 응시하다	☐ 놀람	☐ 투수	☐ 던지다
☐ 깃발	☐ 펄럭거리다	☐ 앞뒤로	☐ 산들바람	☐ 이전의	☐ 직업
☐ 포수	☐ 묶다	☐ 딸	☐ 머리카락	☐ 땋은 머리	☐ 아픈
☐ 힘없이	☐ 부르다	☐ 부	☐ 항상	☐ 가져오다	☐ 행복
☐ 웅장한	☐ 성	☐ 10대의	☐ 문화	☐ 다른	☐ 성인

05 11 She felt a big **pain** because of her cancer.
쉬 펠트 어 빅 페인 비코:즈 어브 허r 캔써r.

05 12 His wife's death led him to fall into deep **grief**.
히즈 와잎쓰 데쓰 렏 힘 투 폴 인투 딮 그뤼:프.

05 13 I worked as a **bookkeeper** at the bank.
아이 웍r트 애즈 어 붘키:퍼r 앹 더 뱅크.

05 14 The semiconductor **industry** is important in Korea.
더 쎄미컨덕터r 인더스추뤼 이즈 임포r턴트 인 코뤼아.

05 15 Floods and droughts are typical natural **disasters**.
플러즈 앤(드) 주롸우츠 아r 티피클 네추뤌 디재스터r즈.

05 16 My daughter sometimes speaks like a **grown-up**.
마이 도:러r 썸타임즈 스픽쓰 라잌 어 그로운-엎.

05 17 The height of the river depends on the **tide**.
더 하이트 어브 더 뤼버r 디펜즈 온 더 타이드.

05 18 I did my **introduction** very well.
아이 딛 마이 인추뤄덕션 베뤼 웰.

05 19 We depend on the **media** for information.
위 디펜드 온 더 미:디어 포r 인포r메이션.

05 20 You **may** use this room for a while.
유 메이 유즈 디쓰 루:움 포r 어 와일.

pain	cancer	death	lead	fall	deep
grief	work as~	bookkeeper	bank	semiconductor	industry
important	flood	drought	typical	natural	disaster
daughter	sometimes	like ~	grown-up	height	tide
introduction	media	information	may	use	for a while

120

05 11 She felt a big **pain** because of her cancer.
그녀는 암으로 큰 고통을 느꼈다.

05 12 His wife's death led him to fall into deep **grief**.
아내의 죽음이 그를 깊은 슬픔에 빠트렸다.

05 13 I worked as a **bookkeeper** at the bank.
나는 은행에서 회계담당자로 일했다.

05 14 The semiconductor **industry** is important in Korea.
반도체 산업은 한국에서 중요하다.

05 15 Floods and droughts are typical natural **disasters**.
홍수와 가뭄은 전형적 자연 재난이다.

05 16 My daughter sometimes speaks like a **grown-up**.
나의 딸은 때때로 성인처럼 말한다.

05 17 The height of the river depends on the **tide**.
강물의 높이는 조수에 달려 있다.

05 18 I did my **introduction** very well.
나는 자기소개를 아주 잘 했다.

05 19 We depend on the **media** for information.
우리는 정보를 위해 대중매체에 의존한다.

05 20 You **may** use this room for a while.
잠시 동안 네가 이 방을 사용해도 좋다.

고통	암	죽음	이끌다	빠지다	깊은
슬픔	~로서 일하다	회계담당자	은행	반도체	산업
중요한	홍수	가뭄	전형적인	자연의	재난
딸	때때로	~처럼	성인	높이	조수
소개	대중매체	정보	~해도 좋다	사용하다	잠시 동안

05 21 He rubbed the **edge** of the table with sandpaper.
히 뤕드 디 엔쥐 어브 더 테이블 위드 샌드페이퍼r.

05 22 A volleyball player **tossed** a ball to his opponent.
어 발리볼 플레이어r 토:쓰트 어 볼 투 히즈 어포우넌트.

05 23 Is there a post office **nearby**?
이즈 데어r 어 포우스트 오:피쓰 니어r바이?

05 24 She **seems** to be busy nowadays.
쉬 씸:즈 투 비 비지 나우어데이즈.

05 25 Feel free to express your **own** opinions.
필 프뤼 투 익쓰프뤠쓰 유어r 오운 어피니언즈.

05 26 The village is located at the **base** of a mountain.
더 빌리쥐 이즈 로우케이릳 앹 더 베이쓰 어브 어 마운튼.

05 27 They built a **broad** highway.
데이 빌트 어 브롸:드 하이웨이.

05 28 Our troops fought fiercely with the **enemy**.
아워r 추룹쓰 팥: 피어r쓸리 위드 디 에너미.

05 29 The **male** bird is singing for the female bird.
더 메일 버r드 이즈 씽잉 포r 더 피메일 버r드.

05 30 The **miser** hid his property in the closet.
더 마이줘r 힏 히즈 프롸퍼r티 인 더 클라:젵.

rub	edge	sandpaper	volleyball	player	toss
opponent	post office	nearby	seem	busy	nowadays
feel free to~	express	own	opinion	village	located
base	broad	highway	troop	fiercely	enemy
male	female	miser	hide	property	closet

05 21 He rubbed the **edge** of the table with sandpaper.
그는 탁자의 가장자리를 사포로 문질렀다.

05 22 A volleyball player **tossed** a ball to his opponent.
배구 선수가 공을 상대편에게 던졌다.

05 23 Is there a post office **nearby**?
여기 근처에 우체국이 있나요?

05 24 She **seems** to be busy nowadays.
그녀는 요즈음 바쁜 것처럼 보였다.

05 25 Feel free to express your **own** opinions.
자유롭게 너 자신의 의견을 표현해라.

05 26 The village is located at the **base** of a mountain.
마을이 산의 아래 부분에 위치해 있다.

05 27 They built a **broad** highway.
그들은 폭이 넓은 고속도로를 건설했다.

05 28 Our troops fought fiercely with the **enemy**.
우리 군대가 적과 치열하게 싸웠다.

05 29 The **male** bird is singing for the female bird.
수컷 새가 암컷 새를 위해 노래하고 있다.

05 30 The **miser** hid his property in the closet.
구두쇠가 그의 재산을 벽장에 숨겼다.

□ 문지르다	□ 가장자리	□ 사포	□ 배구	□ 선수	□ 던지다
□ 상대편	□ 우체국	□ 근처에	□ 보이다	□ 바쁜	□ 요즈음
□ 자유롭게 ~하다	□ 표현하다	□ 자신의	□ 의견	□ 마을	□ ~에 위치한
□ 맨 아래	□ 넓은	□ 고속도로	□ 군대	□ 치열하게	□ 적
□ 수컷	□ 암컷	□ 구두쇠	□ 숨기다	□ 재산	□ 벽장

05 31 He wears glasses because he has bad **vision**.
히 웨어r즈 글래쎄쓰 비코:즈 히 해즈 밴 비줜.

05 32 He was attracted to her **beauty** at first sight.
히 워즈 어추뤱틷 투 허r 뷰:리 앹 퍼r스트 싸이트.

05 33 The king made a crown out of **pure** gold.
더 킹 메이드 어 크롸운 아웉 어브 퓨어r 고울드.

05 34 The national flag is the **symbol** of the country.
더 내셔늘 플래그 이즈 더 씸벌 어브 더 컨추뤼.

05 35 The **duel** between the two fencers was fierce.
더 듀:얼 비트윈 더 투 펜써r즈 워즈 피어r쓰.

05 36 He lost **balance** on the tree and fell.
히 로스트 밸런쓰 온 더 추뤼 앤(드) 펠.

05 37 The **shoemaker** is repairing my shoes.
더 슈:메이커r 이즈 뤼페어륑 마이 슈즈.

05 38 I locked the door of my practice **chamber**.
아이 락트 더 도어r 어브 마이 프뤸틱쓰 쉐임버r.

05 39 The **depth** of this pond is over 3 meters.
더 뎊쓰 어브 디쓰 판:드 이즈 오우버r 쓰뤼 미러r즈.

05 40 She mixed **flour** and milk in a bowl.
쉬 믹쓰트 플라워r 앤(드) 밀크 인 어 보울.

wear	glasses	vision	attract	beauty	at first sight
crown	pure	national	flag	symbol	country
duel	fencer	fierce	lose	balance	fall
shoemaker	repair	shoes	lock	practice	chamber
depth	pond	over~	mix	flour	bowl

05 31 He wears glasses because he has bad **vision**.
그는 시력이 나빠서 안경을 쓴다.

05 32 He was attracted to her **beauty** at first sight.
그는 첫눈에 그녀의 아름다움에 이끌렸다.

05 33 The king made a crown out of **pure** gold.
왕은 순수한 금으로 왕관을 만들었다.

05 34 The national flag is the **symbol** of the country.
국기는 그 나라의 상징이다.

05 35 The **duel** between the two fencers was fierce.
두 펜싱 선수 간의 결투는 치열했다.

05 36 He lost **balance** on the tree and fell.
그는 나무에서 균형을 잃고 떨어졌다.

05 37 The **shoemaker** is repairing my shoes.
제화공이 내 구두를 수선하고 있다.

05 38 I locked the door of my practice **chamber**.
나는 내 연습 방의 문을 잠갔다.

05 39 The **depth** of this pond is over 3 meters.
이 연못의 깊이는 3m 이상이다.

05 40 She mixed **flour** and milk in a bowl.
그녀는 밀가루와 우유를 그릇에서 섞었다.

쓰다	안경	시력	주의를 끌다	아름다움	첫눈에
왕관	순수한	국가의	깃발	상징	나라
결투	펜싱 선수	치열한	잃다	균형	떨어지다
제화공	수선하다	구두	잠그다	연습	방
깊이	연못	~이상의	섞다	밀가루	그릇

05 41 Fashion magazines are full of **skinny** models.
패션 매거진즈 아r 풀 어브 스키니 마를즈.

05 42 The new president **unified** the divided country.
더 뉴 프뤠지든트 유:너파이(드) 더 디바이딘 컨추뤼.

05 43 A blacksmith **dipped** a hot sword into the water.
어 블랙스미쓰 딮트 어 핟 쏘어:r드 인투 더 워러r.

05 44 Her confession was enough to **surprise** him.
허r 컨페션 워즈 이너프 투 써r프롸이즈 힘.

05 45 He did homework with **childlike** handwriting.
히 딛 호움워r크 위드 촤일들라잌 핸드롸이링.

05 46 What is the theme of this Wonju **workshop**?
웥 이즈 더 씨임 어브 디쓰 원주 워:r크샾?

05 47 She works with a **coworker** in the office.
쉬 월r쓰 위드 어 코우워:r커r 인 디 아피쓰.

05 48 He regretted that he **missed** the opportunity.
히 뤼그뤠맅 댙 히 미쓰(트) 디 아퍼r튜너디.

05 49 She threw away the tissue into the **dustbin**.
쉬 쓰로 어웨이 더 티슈 인투 더 더스트빈.

05 50 A **dumb** man communicated with his hands.
어 덤 맨 커뮤니케이릳 위드 히즈 핸즈.

magazine	be full of	skinny	model	president	unify
divide	country	blacksmith	dip	sword	confession
enough	surprise	homework	childlike	handwriting	theme
workshop	coworker	office	regret	miss	opportunity
throw away	tissue	into	dustbin	dumb	communicate

05 41 Fashion magazines are full of **skinny** models.
패션 잡지는 야윈 모델로 가득했다.

05 42 The new president **unified** the divided country.
새 대통령이 나눠진 국가를 통합했다.

05 43 A blacksmith **dipped** a hot sword into the water.
대장장이는 뜨거운 검을 물에 담갔다.

05 44 Her confession was enough to **surprise** him.
그녀 고백은 그를 놀라게 하기에 충분했다.

05 45 He did homework with **childlike** handwriting.
그는 아이 같은 필체로 숙제를 했다.

05 46 What is the theme of this Wonju **workshop**?
이번 원주 연수회의 주제는 무엇인가요?

05 47 She works with a **coworker** in the office.
그녀는 사무실에서 동료와 일한다.

05 48 He regretted that he **missed** the opportunity.
그는 그 기회를 놓친 것을 후회했다.

05 49 She threw away the tissue into the **dustbin**.
그녀는 쓰레기통에 화장지를 버렸다.

05 50 A **dumb** man communicated with his hands.
말을 못 하는 남자는 손으로 의사소통했다.

잡지	~로 가득하다	야윈	모델	대통령	통합하다
나누다	나라	대장장이	담그다	검	고백
충분한	놀라게 하다	숙제	아이 같은	필체	주제
연수회	동료	사무실	후회하다	놓치다	기회
버리다	화장지	안으로	쓰레기통	말을 못 하는	의사소통하다

Step **2** 발음편

05
51 I shone a **flashlight** at a rat hole.
아이 쑈운 어 플래쉴라잍 앹 어 뤹 호울.

05
52 The movie got **mostly** negative reviews.
더 무비 같 모우슬리 네거티브 뤼뷰즈.

05
53 Luffy is the **captain** of the Straw Hat Pirates.
루피 이즈 더 캪튼 어브 더 스추롸 햍 파이뤗츠.

05
54 The **dialogue** between the two people was recorded.
더 다이얼로:그 비트윈 더 투 피쁠 워즈 뤼코r딛.

05
55 Music can **heal** a patient's heart.
뮤직 캔 히:을 어 페이션츠 하r트.

05
56 She **prefers** the countryside to the city.
쉬 프뤼퍼r즈 더 컨추뤼싸읻 투 더 씨디.

05
57 Pears are expensive but bananas are **cheap**.
페어r즈 아r 익쓰펜씨브 벝 버내너즈 아r 취:잎.

05
58 She **mounted** the hill to watch the sunset.
쉬 마운틷 더 힐 투 왙취 더 썬쎝.

05
59 The lizard **clung** fast to the ceiling.
더 리자r드 클렁 패스(트) 투 더 씨일링.

05
60 My grandfather was buried in the family **cemetery**.
마이 그뤤(드)파더r 워즈 베뤼드 인 더 페믈리 쎄머테뤼.

shine	flashlight	rat	hole	mostly	negative
review	captain	straw	pirate	dialogue	record
heal	patient	heart	prefer	countryside	city
pear	expensive	cheap	mount	hill	sunset
lizard	cling	ceiling	grandfather	bury	cemetery

05 51 I shone a **flashlight** at a rat hole.
나는 손전등으로 쥐구멍을 비췄다.

05 52 The movie got **mostly** negative reviews.
그 영화는 주로 부정적 평가를 받았다.

05 53 Luffy is the **captain** of the Straw Hat Pirates.
루피는 밀짚모자 해적단 선장이다.

05 54 The **dialogue** between the two people was recorded.
두 사람 사이의 대화는 기록되었다.

05 55 Music can **heal** a patient's heart.
음악이 환자의 마음을 치료할 수 있다.

05 56 She **prefers** the countryside to the city.
그녀는 도시보다 시골 지역을 더 더 좋아한다.

05 57 Pears are expensive but bananas are **cheap**.
배는 비싸다. 그러나 바나나는 싸다.

05 58 She **mounted** the hill to watch the sunset.
그녀는 일몰을 보러 언덕에 올라갔다.

05 59 The lizard **clung** fast to the ceiling.
도마뱀이 천장에 재빨리 달라붙었다.

05 60 My grandfather was buried in the family **cemetery**.
할아버지는 가족 공동묘지에 묻혔다.

☐ 비추다	☐ 손전등	☐ 쥐	☐ 구멍	☐ 주로	☐ 부정적인
☐ 평가	☐ 선장	☐ 밀짚	☐ 해적	☐ 대화	☐ 기록하다
☐ 치료하다	☐ 환자	☐ 마음	☐ 더 좋아하다	☐ 시골 지역	☐ 도시
☐ 배	☐ 비싼	☐ 싼	☐ 올라가다	☐ 언덕	☐ 일몰
☐ 도마뱀	☐ 달라붙다	☐ 천장	☐ 할아버지	☐ 묻다	☐ 공동묘지

05 61 She sprayed **perfume** on her wrist.
쉬 스프뤠이드 퍼:r퓸: 온 허r 뤼스트.

05 62 Briefcases made of **leather** are expensive.
브뤼프케이씨즈 메이드 어브 레더r 아r 익쓰뻰씨브.

05 63 The crowd **chanted** the name of the winner.
더 크롸우드 췐틷 더 네임 어브 더 위너r.

05 64 He put a **formal** document on the bulletin board.
히 풀 어 포r멀 다큐멘트 온 더 불레튼 보r드.

05 65 A stethoscope is a common **medical** tool.
어 스테써스코웊 이즈 어 커먼 메디클 투:을.

05 66 She **fried** the squid in oil.
쉬 프롸이(드) 더 스퀴이드 인 오일.

05 67 That's a real **bargain** at that price.
댙츠 어 뤼을 바:r겐 앹 댙 프롸이쓰.

05 68 I heard my **echo** when I shouted in the valley.
아이 허r드 마이 에코우 웬 아이 샤우틷 인 더 밸리.

05 69 He missed a good chance because of his **laziness**.
히 미쓰트 어 굳 췐쓰 비코:즈 어브 히즈 레이지네쓰.

05 70 She kicked her **teasing** little brother hard.
쉬 킥트 허r 티:징 리를 브롸더r 하드.

spray	perfume	wrist	briefcase	leather	expensive
crowd	chant	winner	formal	document	bulletin
board	stethoscope	common	medical	tool	fry
squid	real	bargain	price	echo	shout
valley	miss	chance	laziness	kick	tease

05 61
She sprayed **perfume** on her wrist.
그녀는 향수를 손목에 뿌렸다.

05 62
Briefcases made of **leather** are expensive.
가죽으로 만든 서류가방은 비싸.

05 63
The crowd **chanted** the name of the winner.
군중은 우승자의 이름을 크게 노래를 불렀다.

05 64
He put a **formal** document on the bulletin board.
그는 공식적인 문서를 게시판에 붙였다.

05 65
A stethoscope is a common **medical** tool.
청진기는 흔한 의학의 도구다.

05 66
She **fried** the squid in oil.
그녀는 오징어를 기름에 튀겼다.

05 67
That's a real **bargain** at that price.
그 가격이면 진짜 싼 물건이다.

05 68
I heard my **echo** when I shouted in the valley.
내가 계곡에서 소리치자, 메아리가 들렸다.

05 69
He missed a good chance because of his **laziness**.
그는 게으름때문에 좋은 기회를 놓쳤다.

05 70
She kicked her **teasing** little brother hard.
그녀는 놀리는 남동생을 세게 찼다.

뿌리다	향수	손목	서류가방	가죽	비싼
군중	노래 부르다	우승자	공식적인	서류	공고
판자	청진기	흔한	의학의	도구	튀기다
오징어	진짜의	싼 물건	가격	메아리	소리치다
계곡	놓치다	기회	게으름	차다	놀리다

**05
71** He is **recovering** from the car accident.
히 이즈 뤼:커버륑 프럼 더 카r 액씨던트.

**05
72** The **flight** from Korea to America was comfortable.
더 플라이트 프럼 코뤼아 투 어메뤼카 워즈 컴프터블.

**05
73** Our forces were ready for the enemy's **advance**.
아워r 포r세쓰 워r 뤠리 포r 디 에너미쓰 애드밴쓰.

**05
74** She **overheard** the boss's conversation.
쉬 오우버r허r(드) 더 보:쓰즈 컨버r쎄이션.

**05
75** The car slammed into the **trunk** of the tree.
더 카r 슬램드 인투 더 추륑크 어브 더 추뤼.

**05
76** She was really **tense** because of the entrance exam.
쉬 워즈 뤼을리 텐쓰 비코:즈 어브 디 엔추뤤쓰 이그잼.

**05
77** A rabbit is a small **furry** animal.
어 뤠빝 이즈 어 스멀 퍼:뤼 애니멀.

**05
78** The **poet** writes the beauty of nature into a poem.
더 포우엍 롸이츠 더 뷰리 어브 네이춰r 인투 어 포움.

**05
79** The challenge was the **waste** of time and money.
더 췔륀쥐 워즈 더 웨이스트 어브 타임 앤(드) 머니.

**05
80** A **president** is a leader of a nation.
어 프뤠지든트 이즈 어 리더r 어브 어 네이션.

recover	accident	flight	Korea	America	comfortable
forces	enemy	advance	overhear	boss	conversation
slam into	trunk	tense	entrance	exam	rabbit
furry	animal	poet	beauty	nature	poem
challenge	waste	money	president	leader	nation

05 71 He is **recovering** from the car accident.
그는 차 사고로부터 회복하는 중이다.

05 72 The **flight** from Korea to America was comfortable.
한국에서 미국까지의 비행은 편안했다.

05 73 Our forces were ready for the enemy's **advance**.
우리 군대는 적의 진격에 준비했다.

05 74 She **overheard** the boss's conversation.
그녀는 사장의 대화를 엿들었다.

05 75 The car slammed into the **trunk** of the tree.
차가 나무의 줄기와 쾅 하고 부딪혔다.

05 76 She was really **tense** because of the entrance exam.
그녀는 입학시험 때문에 정말 긴장했다.

05 77 A rabbit is a small **furry** animal.
토끼는 털로 덮힌 작은 동물이다.

05 78 The **poet** writes the beauty of nature into a poem.
그 시인은 자연의 아름다움을 시로 쓴다.

05 79 The challenge was the **waste** of time and money.
그 도전은 시간과 돈의 낭비였다.

05 80 A **president** is a leader of a nation.
대통령은 한 나라의 지도자다.

회복하다	사고	비행	한국	미국	편안한
군대	적	진격	엿듣다	사장	대화
쾅 하고 부딪히다	줄기	긴장한	입학	시험	토끼
털로 덮인	동물	시인	아름다움	자연	시
도전	낭비	돈	대통령	지도자	국가

030 day Step 1 발음편

05 81 The small bathroom is full of **steam**.
더 스멀 배쓰룸 이즈 풀 어브 스팀:.

05 82 Hold on to the **bottom** of the ladder.
호울드 온 투 더 바럼 어브 더 래더r.

05 83 Individuals have **freedom** of expression.
인디비주얼즈 해브 프뤼:듬 어브 익쓰프뤠션.

05 84 He **halted** at the edge of the cliff.
히 홀:틷 앹 디 엗쥐 어브 더 클리프.

05 85 Have you **ever** been to London?
해브 유 에버r 빈 투 런던?

05 86 Our **ancestors** left an outstanding heritage.
아워r 앤쎄스터r즈 레프트 언 아웉스땐딩 헤뤼튀쥐.

05 87 I have experienced **cultural** shock in China.
아이 해브 익쓰삐어뤼언쓰트 컬춰뤌 샥 인 촤이나.

05 88 A **sailboat** is a ship that moves with wind power.
어 쎄일보웉 이즈 어 쉽 댙 무브즈 위드 윈드 파워r.

05 89 Straight hair is a **fashionable** hairstyle.
스추뤠잍 헤어r 이즈 어 패셔너블 헤어r스타일.

05 90 Don't walk **facedown** on the road.
도운(트) 워크 페이쓰다운 온 더 로우드.

bathroom	full	steam	hold on	bottom	ladder
individual	freedom	expression	halt	edge	cliff
ever	ancestor	outstanding	heritage	experience	cultural
shock	China	sailboat	ship	move	wind
power	straight	fashionable	hairstyle	facedown	road

134

05 81 The small bathroom is full of **steam**.
작은 욕실 안이 증기로 가득하다.

05 82 Hold on to the **bottom** of the ladder.
사다리의 밑바닥을 계속 붙잡고 있어라.

05 83 Individuals have **freedom** of expression.
개인은 표현의 자유를 가지고 있다.

05 84 He **halted** at the edge of the cliff.
그는 절벽의 가장자리에서 정지했다.

05 85 Have you **ever** been to London?
당신은 런던에 언제 갔다 온 적이 있나요?

05 86 Our **ancestors** left an outstanding heritage.
우리의 조상은 뛰어난 유산을 남겼다.

05 87 I have experienced **cultural** shock in China.
나는 중국에서 문화의 충격을 경험했다.

05 88 A **sailboat** is a ship that moves with wind power.
범선은 바람의 힘으로 움직이는 배다.

05 89 Straight hair is a **fashionable** hairstyle.
유행하는 머리 모양은 곧은 머리다.

05 90 Don't walk **facedown** on the road.
길을 걸을 때 얼굴을 숙이고 걷지 마라.

욕실	가득한	증기	계속 붙잡다	밑바닥	사다리
개인	자유	표현	정지하다	가장자리	절벽
언젠가	조상	뛰어난	유산	경험하다	문화의
충격	중국	범선	배	움직이다	바람
힘	곧은	유행하는	머리 모양	얼굴을 숙이고	길

030
day

Step **2** 발음편

05 91
A singer **expresses** emotions through their lyrics.
어 씽어r 익쓰프뤠쎄쓰 이모우션스 쓰루 데어r 리뤽쓰.

05 92
I didn't **expect** him to visit me.
아이 디른(트) 엑스펙트 힘 투 비짙 미.

05 93
The robber used **violence** on the citizen.
더 롸버r 유즈드 바이얼런쓰 온 더 씨티즌.

05 94
The judge applies the law in **court** strictly.
더 줠쥐 어플라이즈 더 로: 인 코:r트 스추뤽리.

05 95
We have learned useful lessons from **fables**.
위 해브 런드 유스플 레쓴즈 프뤔 페이블즈.

05 96
The **landscape** from the hill is wonderful.
더 랜드스케잎 프뤔 더 힐 이즈 원더r플.

05 97
Don't trust someone who usually has no **credit**.
도운(트) 추뤄스트 썸원 후 유즈을리 해즈 노우 크뤠딭.

05 98
I reopened the **previous** page.
아이 뤼오우쁜(드) 더 프뤼:비어쓰 페이쥐.

05 99
The party owner **treated** the guest kindly.
더 파r디 오우너r 추뤼:틷 더 게스트 카인들리.

06 00
She believed in his **judgment** and followed him.
쉬 빌리브드 인 히즈 줘쥐멘트 앤(드) 팔로우드 힘.

singer	express	emotion	through	lyrics	expect
robber	violence	citizen	judge	apply	court
strictly	learn	useful	lesson	fable	landscape
trust	usually	credit	reopen	previous	owner
treat	guest	kindly	believe	judgment	follow

05 91 A singer **expresses** emotions **through** their lyrics.
가수는 노랫말로 감정을 표현한다.

05 92 I didn't **expect** him to visit me.
나는 그가 방문할지를 예상하지 못했다.

05 93 The robber used **violence** on the citizen.
강도는 시민에게 폭력을 사용했다.

05 94 The judge applies the law in **court** strictly.
판사는 법정에서 법을 엄격히 적용한다.

05 95 We have learned useful lessons from **fables**.
우리는 우화에서 유용한 교훈을 배웠다.

05 96 The **landscape** from the hill is wonderful.
언덕에서 보는 경치는 훌륭하다.

05 97 Don't trust someone who usually has no **credit**.
보통 신용이 없는 사람을 믿지 마라.

05 98 I reopened the **previous** page.
나는 이전의 페이지를 다시 폈다.

05 99 The party owner **treated** the guest kindly.
파티 주인은 손님을 친절하게 대접했다.

06 00 She believed in his **judgment** and followed him.
그녀는 그의 판단을 믿고 따랐다.

☐ 가수	☐ 표현하다	☐ 감정	☐ ~통해서	☐ 노랫말	☐ 예상하다
☐ 강도	☐ 폭력	☐ 시민	☐ 판사	☐ 적용하다	☐ 법정
☐ 엄격하게	☐ 배우다	☐ 유용한	☐ 교훈	☐ 우화	☐ 경치
☐ 믿다	☐ 보통	☐ 신용	☐ 다시 열다	☐ 이전의	☐ 주인
☐ 대접하다	☐ 손님	☐ 친절하게	☐ 믿다	☐ 판단	☐ 따르다

표제어 리뷰 테스트

MP3 듣기

01 imitation	21 wed	41 relay	61 trap	81 steer
02 straw	22 crane	42 entire	62 privacy	82 temple
03 involve	23 sneaker	43 sunrise	63 heart attack	83 plenty
04 spin	24 public	44 area	64 recently	84 realize
05 thrill	25 edit	45 flatter	65 automobile	85 welcoming
06 fireman	26 raindrop	46 shape	66 niece	86 handcuff
07 Mars	27 politic	47 duty	67 action	87 supply
08 sigh	28 locker	48 injury	68 clan	88 voluntary
09 abroad	29 spot	49 repair	69 social	89 everyone
10 grave	30 examination	50 insert	70 beak	90 recycle
11 replace	31 pot	51 element	71 wanted	91 disappear
12 Roman	32 intimate	52 cheer	72 elsewhere	92 rear
13 noodle	33 lunar	53 stare	73 drift	93 nod
14 inner	34 principle	54 bedside	74 clerk	94 schoolwork
15 soul	35 drawer	55 disadvantage	75 stormy	95 thumb
16 saying	36 usually	56 attract	76 jaw	96 polite
17 kneel	37 bury	57 appetizer	77 cucumber	97 crowded
18 original	38 summary	58 straight	78 well-done	98 golden
19 volcano	39 deal	59 germ	79 doctorate	99 skip
20 elder	40 fellow	60 community	80 twist	00 promising

03 - 2 (0501 – 0600)

표제어 리뷰 테스트

01	decision	21	edge	41	skinny	61	perfume	81	steam
02	gaze	22	toss	42	unify	62	leather	82	bottom
03	pitcher	23	nearby	43	dip	63	chant	83	freedom
04	breeze	24	seem	44	surprise	64	formal	84	halt
05	former	25	own	45	childlike	65	medical	85	ever
06	ponytail	26	base	46	workshop	66	fry	86	ancestor
07	weakly	27	broad	47	coworker	67	bargain	87	cultural
08	happiness	28	enemy	48	miss	68	echo	88	sailboat
09	grand	29	male	49	dustbin	69	laziness	89	fashionable
10	teenage	30	miser	50	dumb	70	teasing	90	face-down
11	pain	31	vision	51	flashlight	71	recover	91	express
12	grief	32	beauty	52	mostly	72	flight	92	expect
13	bookkeeper	33	pure	53	captain	73	advance	93	violence
14	industry	34	symbol	54	dialogue	74	overhear	94	court
15	disaster	35	duel	55	heal	75	trunk	95	fable
16	grown-up	36	balance	56	prefer	76	tense	96	landscape
17	tide	37	shoemaker	57	cheap	77	furry	97	credit
18	introduction	38	chamber	58	mount	78	poet	98	previous
19	media	39	depth	59	cling	79	waste	99	treat
20	may	40	flour	60	cemetery	80	president	00	judgement

정답

01	모방	21	결혼하다	41	전달하다	61	덫	81	조종하다
02	밀짚	22	학	42	전체의	62	사생활	82	사원
03	포함하다	23	운동화	43	일출	63	심장병	83	많은 양
04	돌다	24	공공의	44	지역	64	최근에	84	깨닫다
05	전율	25	편집하다	45	아첨하다	65	자동차	85	환영하는
06	소방관	26	빗방울	46	모양	66	조카딸	86	수갑
07	화성	27	현명한	47	의무	67	행동	87	공급하다
08	한숨을 쉬다	28	사물함	48	부상	68	종족	88	자발적인
09	해외로	29	반점	49	수리하다	69	사회의	89	모든 사람
10	무덤	30	시험	50	집어넣다	70	부리	90	재활용하다
11	교체하다	31	냄비	51	성분	71	수배중인	91	사라지다
12	로마의	32	친밀한	52	응원하다	72	다른 곳에서	92	뒤쪽
13	라면	33	달의	53	응시하다	73	떠내려가다	93	끄덕이다
14	내부의	34	원리	54	침대 옆	74	점원	94	학업
15	영혼	35	서랍	55	약점	75	폭풍우가 부는	95	엄지손가락
16	격언	36	대개	56	마음을 끌다	76	턱	96	예의 바른
17	무릎을 꿇다	37	묻다	57	전채요리	77	오이	97	붐비는
18	최최의	38	요약	58	직선의	78	잘 익힌	98	금빛의
19	화산	39	거래하다	59	세균	79	박사학위	99	건너뛰다
20	손위의	40	녀석	60	공동체	80	꼬다	00	유망한

정답

01	결심	21	가장자리	41	야윈	61	향수	81	증기
02	응시하다	22	던지다	42	통합하다	62	가죽	82	밑바닥
03	투수	23	근처에	43	담그다	63	노래 부르다	83	자유
04	산들바람	24	보이다	44	놀라게 하다	64	공식적인	84	정지하다
05	이전의	25	자신의	45	아이 같은	65	의학의	85	언젠가
06	땋은 머리	26	맨 아래	46	연수회	66	튀기다	86	조상
07	힘없이	27	넓은	47	동료	67	싼 물건	87	문화의
08	행복	28	적	48	놓치다	68	메아리	88	범선
09	웅장한	29	수컷	49	쓰레기통	69	게으름	89	유행하는
10	10대의	30	구두쇠	50	말을 못 하는	70	놀리는	90	얼굴을 숙이고
11	고통	31	시력	51	손전등	71	회복하다	91	표현하다
12	슬픔	32	아름다움	52	주로	72	비행	92	예상하다
13	회계담당자	33	순수한	53	선장	73	진격	93	폭력
14	산업	34	상징	54	대화	74	엿듣다	94	법정
15	재난	35	결투	55	치료하다	75	줄기	95	우화
16	성인	36	균형	56	더 좋아하다	76	긴장한	96	경치
17	조수	37	제화공	57	싼	77	털로 덮인	97	신용
18	소개	38	방	58	올라가다	78	시인	98	이전의
19	대중매체	39	깊이	59	달라붙다	79	낭비	99	대접하다
20	~해도 좋다	40	밀가루	60	공동묘지	80	대통령	00	판단

031일
-
040일

04장

영어 공부 잘하는 법

06 01
A **dictionary** is a must for studying English.
어 딕셔네뤼 이즈 어 머스트 포r 스터디잉 잉글리쉬.

06 02
One or two street lights lit up at **dusk**.
원 오어r 투 스추륃 라이츠 릳 엎 앹 더스크.

06 03
Mathematics is the most difficult **subject** for me.
매쓰매릭쓰 이즈 더 모우슽 디피컬트 써브줵트 포r 미.

06 04
Mosquitoes smell the scent of human blood well.
머스키:로우즈 스멜 더 쎈트 어브 휴먼 블러드 웰.

06 05
He heard her shouts of **joy**.
히 허r드 허r 샤우츠 어브 조이.

06 06
The sun is a small star in the **universe**.
더 썬 이즈 어 스멀 스타r 인 더 유:니버r쓰.

06 07
We need to paint the **exterior** of our house.
위 닏 투 페인(트) 디 엑스티뤼어r 어브 아워r 하우쓰.

06 08
He **promised** to keep his appointment.
히 프롸미쓰(트) 투 킾 히즈 어포인(트)멘트.

06 09
This machine turns **sunlight** into electricity.
디쓰 머쉰 턴즈 썬라잍 인투 일렉추뤼씨디.

06 10
He gave a **sincere** apology for the lateness.
히 게이브 어 씬씨어r 어팔러쥐 포r 더 레잍네쓰.

dictionary	must	one or two	street	light	dusk
mathematics	difficult	subject	mosquito	smell	scent
human	blood	shout	joy	sun	star
universe	paint	exterior	promise	appointment	machine
turn into~	sunlight	electricity	sincere	apology	lateness

06 01 A **dictionary** is a must for studying English.
사전은 영어 공부하는데 필수품이다.

06 02 One or two street lights lit up at **dusk**.
해질녘이 되면서 한 두개의 가로등이 켜졌다.

06 03 Mathematics is the most difficult **subject** for me.
수학은 나에게 가장 어려운 과목이다.

06 04 **Mosquitoes** smell the scent of human blood well.
모기는 사람의 피 냄새를 잘 맡는다.

06 05 He heard her shouts of **joy**.
그는 그녀의 기쁨의 함성을 들었다.

06 06 The sun is a small star in the **universe**.
태양은 우주에서 작은 별이다.

06 07 We need to paint the **exterior** of our house.
우리 집 외부는 페인트칠이 필요하다.

06 08 He **promised** to keep his appointment.
그는 약속을 지키겠다고 약속했다.

06 09 This machine turns **sunlight** into electricity.
이 기계는 햇빛을 전기로 바꾼다.

06 10 He gave a **sincere** apology for the lateness.
그는 지각에 대해 진심의 사과를 했다.

사전	필수품	한 두개의	거리	등	해질녘
수학	어려운	과목	모기	냄새를 맡다	냄새
인간의	피	함성	기쁨	태양	별
우주	페인트를 칠하다	외부	약속하다	약속	기계
~로 바꾸다	햇빛	전기	진심의	사과	지각

06
11
The squirrel **counted** the number of acorns.
더 스쿠워r뤨 카운틷 더 넘버r 어브 에이콘즈.

06
12
He put the bait on the **hook** for fishing.
히 풋 더 베잇 온 더 후크 포r 피슁.

06
13
The explorer has a lot of **bravery**.
디 익쓰플로뤄r 해즈 어 랏 어브 브뤠이버뤼.

06
14
This is a **method** of memorizing English words.
디쓰 이즈 어 메써드 어브 메머롸이징 잉글리쉬 워r즈.

06
15
He **weighed** the parcel with a spring scale.
히 웨잇 더 파r쓸 위드 어 스프륑 스케일.

06
16
The publishing company **published** a funny storybook.
더 퍼블리슁 컴뻐니 퍼블뤼쉿 어 퍼니 스토뤼북.

06
17
He claimed a **totally** different theory.
히 클레임드 어 토우를리 디퍼뤈트 띠어뤼.

06
18
Her speech **excited** the audience.
허r 스피춰 익싸이릳 디 오:디언쓰.

06
19
I **replied** to his difficult question.
아이 뤼플라잇 투 히즈 디피컬트 쿠에스췬.

06
20
He didn't **blame** me for my failure.
히 디른(트) 블레임 미 포r 마이 페일리어r.

squirrel	count	number	acorn	bait	hook
fishing	explorer	bravery	method	memorize	weigh
parcel	spring	scale	publish	company	funny
storybook	claim	totally	theory	speech	excite
audience	reply	difficult	question	blame	failure

06 11 The squirrel **counted** the number of acorns.
다람쥐는 도토리의 숫자를 셌다.

06 12 He put the bait on the **hook** for fishing.
그는 낚시를 위해 고리에 미끼를 달았다.

06 13 The explorer has a lot of **bravery**.
그 탐험가는 용감함이 많은 사람이다.

06 14 This is a **method** of memorizing English words.
이것이 영어단어를 암기하는 방법이다.

06 15 He **weighed** the parcel with a spring scale.
그는 용수철저울로 소포를 무게를 쟀다.

06 16 The publishing company **published** a funny storybook.
출판사는 재밌는 동화책을 출판했다.

06 17 He claimed a **totally** different theory.
그는 완전히 다른 이론을 주장했다.

06 18 Her speech **excited** the audience.
그녀의 연설은 청중을 흥분시켰다.

06 19 I **replied** to his difficult question.
나는 그의 어려운 질문에 대답했다.

06 20 He didn't **blame** me for my failure.
그는 나의 실패를 비난하지 않았다.

다람쥐	세다	숫자	도토리	미끼	고리
낚시	탐험가	용감함	방법	암기하다	무게를 재다
소포	용수철	저울	출판하다	회사	재밌는
동화책	주장하다	완전히	이론	연설	흥분시키다
청중	대답하다	어려운	질문	비난하다	실패

**06
21** The boss made a **direct** call to the consumer.
더 보:쓰 메이드 어 디뤡트 콜 투 더 컨수머r.

**06
22** Don't waste your **precious** time.
도운(트) 웨이슽 유어r 프뤠셔쓰 타임.

**06
23** The gentleman has a variety of **suits**.
더 줸틀맨 해즈 어 버롸이어티 어브 수:츠.

**06
24** He **shifted** his gear from reverse to drive.
히 쉬프틷 히즈 기어r 프뤔 뤼버r쓰 투 드롸이브.

**06
25** I **prepared** her graduation gift.
아이 프뤼페어r드 허r 그뤠주에이션 기프트.

**06
26** I informed the police of my **location**.
아이 인폼(드) 더 펄:리쓰 어브 마이 로우케이션.

**06
27** **Seal** the envelope to keep the secret.
씰: 디 엔블로웊 투 킾 더 씨크뤨.

**06
28** Jenny likes scary **horror** movies.
줴니 라잌쓰 스케어뤼 호:뤄r 무비즈.

**06
29** The lawyer's job is to protect the **client**.
더 로이여r즈 좁 이즈 투 프러텍(트) 더 클라이언트.

**06
30** A clown got rid of Jenny's **gloom**.
어 클라운 같 륃 어브 줴니즈 글룸:.

make a call	direct	consumer	waste	precious	gentleman
variety	suit	shift	gear	reverse	drive
prepare	graduation	gift	inform	police	location
seal	envelope	secret	scary	horror	lawyer
job	protect	client	clown	get rid of	gloom

06 21 The boss made a **direct** call to the consumer.
사장이 소비자에게 직접 전화를 걸었다.

06 22 Don't waste your **precious** time.
너의 귀중한 시간을 낭비하지 마라.

06 23 The gentleman has a variety of **suits**.
그 신사는 여러 가지의 정장을 가지고 있다.

06 24 He **shifted** his gear from reverse to drive.
그는 기어를 후진에서 전진으로 바꿨다.

06 25 I **prepared** her graduation gift.
나는 그녀의 졸업 선물을 준비했다.

06 26 I informed the police of my **location**.
나는 나의 위치를 경찰에 알렸다.

06 27 **Seal** the envelope to keep the secret.
비밀을 지키기 위해 봉투를 봉인하세요.

06 28 Jenny likes scary **horror** movies.
제니는 무서운 공포 영화를 좋아한다.

06 29 The lawyer's job is to protect the **client**.
변호사의 일은 의뢰인을 보호하는 일이다.

06 30 A clown got rid of Jenny's **gloom**.
어릿광대가 제니의 우울함을 없앴다.

☐ 전화를 걸다	☐ 직접의	☐ 소비자	☐ 낭비하다	☐ 귀중한	☐ 신사
☐ 다양함	☐ 정장	☐ 바꾸다	☐ 기어	☐ 후진 기어	☐ 전진 기어
☐ 준비하다	☐ 졸업	☐ 선물	☐ 알리다	☐ 경찰	☐ 위치
☐ 봉인하다	☐ 봉투	☐ 비밀	☐ 무서운	☐ 공포	☐ 변호사
☐ 일	☐ 보호하다	☐ 의뢰인	☐ 어릿광대	☐ ~을 없애다	☐ 우울함

**06
31** Speech is silver and **silence** is gold.
스삐취 이즈 실버r 앤(드) 싸일런쓰 이즈 고울드.

**06
32** The appearance of ghosts **frightened** her.
디 어피뤼언쓰 어브 고우스츠 프롸이튼드 허r.

**06
33** Unfold the **final** page of your history book.
언포울드 더 파이늘 페이쥐 어브 유어r 히즈토뤼 북.

**06
34** The ship's **sail** shook violently in the storm.
더 쉽쓰 쎄일 슉 바일런리 인 더 스톰.

**06
35** The result of the experiment **satisfied** the chemist.
더 뤼절트 어브 디 익쓰뻬뤼멘트 쌔리스파읻 더 케미스트.

**06
36** Many **wildlife** are losing their habitats.
메니 와일들라이프 아r 루징 데어r 해비태츠.

**06
37** I asked for a **pardon** for my disturbance.
아이 애슥트 포r 어 파:r든 포r 마이 디쓰터r번쓰.

**06
38** Your **freezer** is full of meat and fish.
유어r 프뤼:저r 이즈 풀 어브 미:트 앤(드) 피쉬.

**06
39** I didn't **recognize** my old friend.
아이 디른(트) 뤠꺼그나이즈 마이 오울드 프뤤드.

**06
40** She licked her **upper** lip because she felt uneasy.
쉬 릭트 허r 어퍼r 맆 비코:즈 쉬 펠트 언이지.

speech	silver	silence	gold	appearance	ghost
frighten	unfold	final	history	sail	shake
violently	storm	result	experiment	satisfy	chemist
wildlife	habitat	ask for	pardon	disturbance	freezer
meat	recognize	lick	upper	lip	uneasy

06 31 Speech is silver and **silence** is gold.
웅변은 은이고 침묵은 금이다.

06 32 The appearance of ghosts **frightened** her.
귀신의 출현은 그녀를 놀라게 했다.

06 33 Unfold the **final** page of your history book.
역사책의 마지막의 페이지를 펼쳐라.

06 34 The ship's **sail** shook violently in the storm.
배의 돛이 폭풍우에 심하게 흔들렸다.

06 35 The result of the experiment **satisfied** the chemist.
실험의 결과가 화학자를 만족시켰다.

06 36 Many **wildlife** are losing their habitats.
많은 야생동물이 서식지를 잃고 있다.

06 37 I asked for a **pardon** for my disturbance.
나는 방해한 것에 대해 용서를 구했다.

06 38 Your **freezer** is full of meat and fish.
너의 냉동고는 고기와 생선으로 가득하다.

06 39 I didn't **recognize** my old friend.
나는 옛 친구를 알아보지 못했다.

06 40 She licked her **upper** lip because she felt uneasy.
그녀는 불안해서 위의 입술을 핥았다.

웅변	은	침묵	금	출현	귀신
놀라게 하다	펼치다	마지막의	역사	돛	흔들리다
심하게	폭풍우	결과	실험	만족시키다	화학자
야생동물	서식지	구하다	용서	방해	냉동고
고기	알아보다	핥다	위쪽의	입술	불안한

06 41 **Neither** this book nor that book are interesting.
니:더r 디쓰 북 노r 댈 붙 아r 인추뤠스팅.

06 42 He picked one of **several** numbers.
히 픽트 원 어브 쎄버뤌 넘버r즈.

06 43 There is a **legend** that a dragon lived in this lake.
데어r 이저 레줜드 댈 어 주뤠건 리브드 인 디쓰 레이크.

06 44 The compass gives me the exact **direction**.
더 컴뻐스 기브즈 미 디 이그젝(트) 디뤤션.

06 45 A **chef** sprinkled pepper and parsley in the soup.
어 쉐프 스프륑클드 페퍼r 앤(드) 파슬리 인 더 쑤웊.

06 46 Her words and **behavior** are completely different.
허r 워r즈 앤(드) 비헤이비어r 아r 컴플릴리 디퍼뤈트.

06 47 He produces electricity with **solar** energy.
히 프러듀쎄즈 일렉추뤽씨디 위드 쏘울러r 에너r쥐.

06 48 Jenny is **jealous** of Minsu's success.
쥐니 이즈 쥅러쓰 어브 민수즈 썩쎄쓰.

06 49 **Electric** cars will be common in the future.
일렉추뤽 카r즈 윌 비 커먼 인 더 퓨춰r.

06 50 There's a **causal** connection between the two cases.
데어r즈 어 코:즐 컨넥션 비트윈 더 투 케이씨즈.

neither A nor B	interesting	pick	one of~	several	number
legend	dragon	lake	compass	exact	direction
chef	sprinkle	pepper	parsley	behavior	completely
different	produce	electricity	solar	jealous	success
electric	common	future	causal	connection	case

**06
41** **Neither** this book nor that book are interesting.
이 책도 저 책도 재미가 없다.

**06
42** He picked one of **several** numbers.
그는 몇 개의 번호 중 하나를 골랐다.

**06
43** There is a **legend** that a dragon lived in this lake.
이 호수에 용이 살았다는 전설이 있다.

**06
44** The compass gives me the exact **direction**.
나침반은 정확한 방향을 알려준다.

**06
45** A **chef** sprinkled pepper and parsley in the soup.
요리사는 수프에 후추와 파슬리를 뿌렸다.

**06
46** Her words and **behavior** are completely different.
그녀는 말과 행동이 완전히 다르다.

**06
47** He produces electricity with **solar** energy.
그는 태양의 에너지로 전기를 생산한다.

**06
48** Jenny is **jealous** of Minsu's success.
제니는 민수의 성공을 질투한다.

**06
49** **Electric** cars will be common in the future.
미래에는 전기의 차가 흔하게 될 것이다.

**06
50** There's a **causal** connection between the two cases.
두 사건 사이에는 인과의 관련이 있다.

☐ A도 B도 아니다	☐ 재미있는	☐ 고르다	☐ ~중의 하나	☐ 몇몇의	☐ 번호
☐ 전설	☐ 용	☐ 호수	☐ 나침반	☐ 정확한	☐ 방향
☐ 요리사	☐ 뿌리다	☐ 후추	☐ 파슬리	☐ 행동	☐ 완전히
☐ 다른	☐ 생산하다	☐ 전기	☐ 태양의	☐ 질투하는	☐ 성공
☐ 전기의	☐ 흔한	☐ 미래	☐ 인과의	☐ 관련	☐ 사건

06
51
The police **investigated** the scene of the murder.
더 펄:리쓰 인베스터게이린 더 씬 어브 더 머r더r.

06
52
She gave her **oath** of faith to her religion.
쉬 게이브 허r 오우쓰 어브 페이쓰 투 허r 륄리쥔.

06
53
The **cashier** counted the money that a customer paid.
더 캐쉬어r 카운틷 더 머니 댙 어 커스터머r 페이드.

06
54
The whole country is in **chaos** after the earthquake.
더 호울 컨추뤼 이즈 인 케이아쓰 애프터r 디 어r쓰퀘잌.

06
55
He made pants with the wool's **texture**.
히 메이드 팬츠 위드 더 우월즈 텍스춰r.

06
56
I **understood** what he said.
아이 언더r스투드 월 히 쎄드.

06
57
The **frame** of this photo is made of iron.
더 프뤠임 어브 디쓰 포우로우 이즈 메이드 어브 아이언.

06
58
I used a tape ruler to measure the **distance**.
아이 유즈드 어 테잎 룰러r 투 메저r 더 디쓰떤쓰.

06
59
I **forgave** him for deceiving me.
아이 퍼r게이브 힘 포r 디씨:빙 미.

06
60
He prayed for the **unity** of the country.
히 프뤠이드 포r 더 유:니티 어브 더 컨추뤼.

investigate	scene	murder	oath	faith	religion
cashier	count	customer	pay	whole	country
chaos	earthquake	pants	wool	texture	understand
what	frame	photo	iron	tape	ruler
measure	distance	forgive	deceive	pray	unity

06 51 The police **investigated** the scene of the murder.
경찰은 살인 현장을 조사했다.

06 52 She gave her **oath** of faith to her religion.
그녀는 종교에 대한 믿음을 맹세했다.

06 53 The **cashier** counted the money that a customer paid.
현금출납원이 고객이 지불한 돈을 셌다.

06 54 The whole country is in **chaos** after the earthquake.
지진이 일어난 후 온 나라가 혼돈이다.

06 55 He made pants with the wool's **texture**.
그는 양모의 직물로 바지를 만들었다.

06 56 I **understood** what he said.
나는 그가 말한 것을 이해했다.

06 57 The **frame** of this photo is made of iron.
이 사진의 틀은 철로 만들어졌다.

06 58 I used a tape ruler to measure the **distance**.
나는 거리를 재려고 줄자를 썼다.

06 59 I **forgave** him for deceiving me.
나는 그가 나를 속인 것을 용서했다.

06 60 He prayed for the **unity** of the country.
그는 나라의 통일을 위해서 기도했다.

조사하다	현장	살인	맹세	믿음	종교
현금출납원	세다	고객	지불하다	전체의	나라
혼돈	지진	바지	양모	직물	이해하다
~것	틀	사진	철	띠	자
재다	거리	용서하다	속이다	기도하다	통일

06 61   Poor children are **starving** to death.
푸어r 췰드뤈 아r 스타:r빙 투 데쓰.

06 62   She **hesitates** to express her emotions.
쉬 헤즈테이츠 투 익쓰프뤠쓰 허r 이모우션쓰.

06 63   The witch revived a **demon** by a spell.
더 윗취 <u>뤼바이브드</u> 어 디:먼 바이 어 스펠.

06 64   The **customer** complained about the taste of the food.
더 커스터머r 컴플레인드 어바웉 더 테이스트 어브 더 푸드.

06 65   Once upon a time we **communicated** with torches.
원쓰 어뻔 어 타임 위 커뮤:니케이륍 위드 토r취쓰.

06 66   His **prime** goal this year is to get a promotion.
히즈 프<u>롸</u>임 고울 디쓰 이어r 이즈 투 겔 어 프러모우션.

06 67   It is **possible** to go to Japan by swimming.
잍 이즈 파써블 투 고우 투 줴팬 바이 스위밍.

06 68   He is responsible for resolving the **matter**.
히 이즈 <u>뤼</u>스빤써블 <u>포</u>r <u>뤼</u>잘빙 더 매러r.

06 69   I hit the **elbow** on the edge of the desk.
아이 힡 디 엘보우 온 디 엗쮜 어브 더 데스크.

06 70   This lotion **softens** the skin.
디쓰 로우션 쏘:픈즈 더 스낀.

poor	children	starve	death	hesitate	express
emotion	witch	revive	demon	spell	customer
complain	taste	communicate	torch	prime	goal
this year	promotion	possible	Japan	responsible	resolve
matter	elbow	edge	lotion	soften	skin

06 61 Poor children are **starving** to death.
가난한 아이들이 굶어서 죽어가고 있다.

06 62 She **hesitates** to express her emotions.
그녀는 감정을 표현하는데 망설인다.

06 63 The witch revived a **demon** by a spell.
마녀는 주문으로 악마를 부활시켰다.

06 64 The **customer** complained about the taste of the food.
고객이 음식 맛에 대해 불평했다.

06 65 Once upon a time we **communicated** with torches.
옛날에 우리는 햇불로 의사소통했다.

06 66 His **prime** goal this year is to get a promotion.
올해 그의 주요한 목표는 승진이다.

06 67 It is **possible** to go to Japan by swimming.
수영해서 일본에 가는 것은 가능하다.

06 68 He is responsible for resolving the **matter**.
그는 그 문제를 해결할 책임이 있다.

06 69 I hit the **elbow** on the edge of the desk.
나는 책상 모서리에 팔꿈치를 부딪혔다.

06 70 This lotion **softens** the skin.
이 로션은 피부를 부드럽게 한다.

가난한	아이들	굶어 죽다	죽음	망설이다	표현하다
감정	마녀	부활시키다	악마	주문	고객
불평하다	맛	의사소통하다	햇불	주요한	목표
올해	승진	가능한	일본	책임이 있는	해결하다
문제	팔꿈치	모서리	로션	부드럽게 하다	피부

06 71 Tie the shoelace **tightly** before running.
타이 더 슐레이쓰 타일리 비포r 뤄닝.

06 72 China's atmospheric **pollution** is really serious.
촤이나즈 앹머스피어뤽 펄루:션 이즈 뤼을리 씨뤼어쓰.

06 73 She ignored my **greeting**.
쉬 이그노어드 마이 그뤼:팅.

06 74 **Global** warming is a side effect of civilization.
글로우벌 워r밍 이즈 어 싸이드 이펙트 어브 씨블리제이션.

06 75 The **detective** investigated the case with his assistant.
더 디텍티브 인베스터게이린 더 케이쓰 위드 히즈 어씨스턴트.

06 76 He swung at the neighbors with his fist **angrily**.
히 스웡 앹 더 네이버r즈 위드 히즈 피스트 앵그뤼리.

06 77 TV **debates** are held three times before the election.
티브 디베이츠 아r 헬드 쓰뤼 타임즈 비포r 디 일렉션.

06 78 **Grab** the camera and press the button.
그뤱 더 캐므롸 앤(드) 프뤠쓰 더 벝은.

06 79 I'm a **painter**, not a writer.
아임 어 페인터r, 낱 어 롸이터r.

06 80 My schedule **varies** according to the weather.
마이 스케줄 베뤼즈 어코r딩 투 더 웨더r.

tie	shoelace	tightly	atmospheric	pollution	serious
ignore	greeting	global	warming	side effect	civilization
detective	investigate	assistant	swing	neighbor	fist
angrily	debate	three times	election	grab	press
painter	writer	schedule	vary	according to	weather

06 71 Tie the shoelace **tightly** before running.
달리기 전 신발 끈을 단단하게 묶어라.

06 72 China's atmospheric **pollution** is really serious.
중국의 대기 오염이 정말 심각하다.

06 73 She ignored my **greeting**.
그녀는 나의 인사를 무시했다.

06 74 **Global** warming is a side effect of civilization.
지구의 온난화는 문명의 부작용이다.

06 75 The **detective** investigated the case with his assistant.
탐정이 조수와 함께 사건을 조사했다.

06 76 He swung at the neighbors with his fist **angrily**.
그는 화가 나서 이웃에게 주먹을 흔들었다.

06 77 TV **debates** are held three times before the election.
선거전에 TV 토론이 세 번 열린다.

06 78 **Grab** the camera and press the button.
카메라를 잡은 다음에 버튼을 눌러라.

06 79 I'm a **painter**, not a writer.
저는 작가가 아니라 화가입니다.

06 80 My schedule **varies** according to the weather.
나의 일정표는 날씨에 따라 변한다.

묶다	신발끈	단단하게	대기	오염	심각한
무시하다	인사	지구의	따뜻하게 하기	부작용	문명
탐정	조사하다	조수	흔들다	이웃	주먹
화가 나서	토론	3번	선거	잡다	누르다
화가	작가	일정표	변하다	~에 따라서	날씨

06 81 A **flock** of sheep is grazing in the field.
어 플락 어브 쉽 이즈 그뤠이징 인 더 필드.

06 82 I couldn't **agree** with her proposal.
아이 쿠른(트) 어그뤼: 위드 허r 프러포우즐.

06 83 **Unless** you wash your hands, don't eat dinner.
언레쓰 유 와쉬 유어r 핸즈, 도운(트) 잍 디너r.

06 84 He buried a **vast** amount of gold in the ground.
히 베뤼드 어 배스트 어마운트 어브 고울드 인 더 그롸운드.

06 85 The farmers **examined** the cows and pigs.
더 파r머r즈 이그재민(드) 더 카우즈 앤(드) 픽즈.

06 86 She made a surprised **pose** for the picture.
쉬 메이드 어 써r프롸이즈 포우즈 포r 더 픽처r.

06 87 A diamond is an **expensive** jewel.
어 다이아먼드 이즈 언 익쓰펜씨브 주월.

06 88 Don't **rub** your nose or mouth with your dirty hands.
도운(트) 뤕 유어r 노우즈 오어r 마우쓰 위드 유어r 더r디 핸즈.

06 89 He felt a little **dizzy** when he suddenly woke up.
히 펠트 어 리를 디지 웬 히 써든리 워크 엎.

06 90 I searched on the internet to **gain** information.
아이 써r취트 온 디 인터r넽 투 게인 인퍼r메이션.

flock	sheep	graze	field	agree with	proposal
unless	wash	bury	vast	amount	ground
farmer	examine	surprised	pose	picture	diamond
expensive	jewel	rub	mouth	dirty	a little
dizzy	suddenly	wake up	search	gain	information

06 81 A **flock** of sheep is grazing in the field.
양의 무리가 들판에서 풀을 뜯고 있다.

06 82 I couldn't **agree** with her proposal.
나는 그녀의 제안에 동의할 수 없었다.

06 83 **Unless** you wash your hands, don't eat dinner.
네가 손을 씻지 않으면, 저녁을 먹지 마라.

06 84 He buried a **vast** amount of gold in the ground.
그는 막대한 양의 금을 땅에 묻었다.

06 85 The farmers **examined** the cows and pigs.
농부들이 소와 돼지를 검사했다.

06 86 She made a surprised **pose** for the picture.
난 사진을 위해 놀란 자세를 취했다.

06 87 A diamond is an **expensive** jewel.
다이아몬드는 비싼 보석이다.

06 88 Don't **rub** your nose or mouth with your dirty hands.
더러운 손으로 코나 입을 문지르지 마라.

06 89 He felt a little **dizzy** when he suddenly woke up.
그는 갑자기 일어났더니 약간 어지러웠다.

06 90 I searched on the internet to **gain** information.
난 정보를 얻기 위해 인터넷에서 검색했다.

☐ 무리	☐ 양	☐ 풀을 뜯다	☐ 들판	☐ ~에 동의하다	☐ 제안
☐ ~하지 않으면	☐ 씻다	☐ 묻다	☐ 막대한	☐ 양	☐ 땅
☐ 농부	☐ 검사하다	☐ 놀란	☐ 자세	☐ 사진	☐ 다이아몬드
☐ 비싼	☐ 보석	☐ 문지르다	☐ 입	☐ 더러운	☐ 약간의
☐ 어지러운	☐ 갑자기	☐ 일어나다	☐ 검색하다	☐ 얻다	☐ 정보

06 91 The discussion with her was a big **pleasure** for me.
더 디쓰커션 위드 허r 워즈 어 빅 플레줘r 포r 미.

06 92 People's eyes grow **dim** with age.
피쁠즈 아이즈 그로우 딤 위드 에이쥐.

06 93 Please cancel and **refund** the order.
플리즈 캔쓸 앤(드) 뤼펀(드) 디 오r더r.

06 94 The **mist** covered the road so I couldn't see cars.
더 미스트 커버r(드) 더 로우드 쏘우 아이 쿠른(트) 씨 카r즈.

06 95 The brave cop caught two **robbers**.
더 브뤠이브 카:앞 캍 투 롸버r즈.

06 96 The author hasn't finished his work **yet**.
디 오:써r 해즌(트) 피니쉬트 히즈 워r크 옐.

06 97 The punishment was **harsh** and unfair to the student.
더 퍼니쉬멘트 워즈 하:r쉬 앤(드) 언페어r 투 더 스튜든트.

06 98 She works as an **editor** at the publishing company.
쉬 워r쓰 애즈 언 에디터r 앹 더 퍼블리슁 컴뻐니.

06 99 Voting is important to **reform** politics.
보우팅 이즈 임포r턴(트) 투 뤼폼: 팔러틱쓰.

07 00 Cell phones are a tool of **communication**.
쎌 포운즈 아r 어 툴 어브 커뮤:니케이션.

discussion	pleasure	grow	dim	with age	cancel
refund	order	mist	cover	brave	cop
catch	robber	author	finish	work	yet
punishment	harsh	unfair	editor	publish	vote
important	reform	politics	cell phone	tool	communication

06 91 The discussion with her was a big **pleasure** for me.
그녀와의 토론은 나에게 큰 즐거움이었다.

06 92 People's eyes grow **dim** with age.
사람들의 눈은 나이와 함께 점점 흐릿해진다.

06 93 Please cancel and **refund** the order.
주문을 취소하고 환불을 해주세요.

06 94 The **mist** covered the road so I couldn't see cars.
옅은 안개가 도로를 덮어서 차를 볼 수 없었다.

06 95 The brave cop caught two **robbers**.
용감한 경찰이 강도 2명을 잡았다.

06 96 The author hasn't finished his work **yet**.
작가는 아직 그의 작품을 끝내지 못했다.

06 97 The punishment was **harsh** and unfair to the student.
그 벌은 학생에게 가혹하고 불공정했다.

06 98 She works as an **editor** at the publishing company.
그녀는 출판사에서 편집자로 일한다.

06 99 Voting is important to **reform** politics.
정치를 개혁하려면 투표가 중요하다.

07 00 Cell phones are a tool of **communication**.
핸드폰은 의사소통의 도구다.

토론	즐거움	점점 ~하게 되다	흐릿한	나이와 함께	취소하다
환불하다	주문	옅은 안개	덮다	용감한	경찰
잡다	강도	작가	마치다	작품	아직
벌	가혹한	불공정한	편집자	출판하다	투표하다
중요한	개혁하다	정치	휴대전화	도구	의사소통

07
01
She **scrubbed** her bathroom clean with a brush.
쉬 스크뤕드 허r 배쓰룸 클린 위드 어 브뤄쉬.

07
02
This plan was wrong from the **beginning**.
디쓰 플랜 워즈 롱 프뤔 더 비기닝.

07
03
There is a saying that honesty is the best **policy**.
데어r 이즈 어 쎄잉 댙 어니스티 이즈 더 베스트 팔러씨.

07
04
His **role** in the musical was the main character.
히즈 로울 인 더 뮤지클 워즈 더 메인 캐뤽터r.

07
05
I accepted the **counselor's** advice.
아이 엑쎕틷 더 카운슬러r즈 어드바이쓰.

07
06
She took off the bracelet from her left **wrist**.
쉬 툭 어프 더 브뤠이쓸렡 프뤔 허r 레프트 뤼스트.

07
07
He is **eager** to watch the latest movie.
히 이즈 이:거r 투 왓취 더 레이티슡 무비.

07
08
I stepped on the ground for the **setup** of the tent.
아이 스텝트 온 더 그롸운드 포r 더 쎕엎 어브 더 텐트.

07
09
His daughter is currently a **sophomore** at college.
히즈 도:러r 이즈 커뤤리 어 싸퍼모:어r 앹 칼리쥐.

07
10
He prepared French fries as a **snack**.
히 프뤼페어r드 프뤤취 프롸이즈 애즈 어 스낵.

scrub	bathroom	clean	plan	wrong	beginning
saying	honesty	policy	role	musical	main
character	accept	counselor	advice	take off	bracelet
wrist	eager	latest	step	ground	setup
daughter	currently	sophomore	college	prepare	French fries

07 01 She **scrubbed** her bathroom clean with a brush.
그녀는 욕실을 솔로 깨끗하게 문질렀다.

07 02 This plan was wrong from the **beginning**.
이 계획은 시작부터 잘못되었다.

07 03 There is a saying that honesty is the best **policy**.
정직이 최선의 정책이라는 격언이 있다.

07 04 His **role** in the musical was the main character.
뮤지컬에서 그의 역할은 주인공이었다.

07 05 I accepted the **counselor's** advice.
나는 상담사의 충고를 받아들였다.

07 06 She took off the bracelet from her left **wrist**.
그녀는 왼쪽 손목의 팔찌를 벗었다.

07 07 He is **eager** to watch the latest movie.
그는 최신 영화를 보기를 열망한다.

07 08 I stepped on the ground for the **setup** of the tent.
나는 텐트의 설치를 위해 땅을 밟았다.

07 09 His daughter is currently a **sophomore** at college.
그의 딸은 현재 대학 2학년생이다.

07 10 He prepared French fries as a **snack**.
그는 간식으로 감자튀김을 준비했다.

☐ 문질러 닦다	☐ 욕실	☐ 깨끗한	☐ 계획	☐ 잘못된	☐ 시작
☐ 격언	☐ 정직	☐ 정책	☐ 역할	☐ 뮤지컬	☐ 주요한
☐ 등장인물	☐ 받아들이다	☐ 상담사	☐ 충고	☐ 벗다	☐ 팔찌
☐ 손목	☐ 열망하는	☐ 최신의	☐ 밟다	☐ 땅	☐ 설치
☐ 딸	☐ 현재	☐ 2학년생	☐ 대학	☐ 준비하다	☐ 감자튀김

07 11	The **maid** changes the bed sheets once a week.
	더 메이드 췌인쥐즈 더 벧 쉬츠 원쓰 어 위크.

07 12	She couldn't avoid the **doom** of death.
	쉬 쿠른(트) 어보이(드) 더 둠: 어브 데쓰.

07 13	He got a graduation **certificate** from school.
	히 갇 어 그뤠주에이션 써r티피킽 프뤔 스쿨.

07 14	The pitcher stood in the **mound** to throw the ball.
	더 핕춰r 스투드 인 더 마운(드) 투 쓰로우 더 볼.

07 15	He reads the economic **section** of the newspaper.
	히 뤼즈 디 이카너믹 쎅션 어브 더 뉴쓰페이퍼r.

07 16	There was **dirt** on her jeans.
	데어r 워즈 더:r트 온 허r 쥔쓰.

07 17	His actions **exactly** match his words.
	히즈 액션즈 이그잭들리 맽취 히즈 워r즈.

07 18	He insulted me by calling me a **fool**.
	히 인썰틷 미 바이 콜링 미 어 풀:.

07 19	His disease destroyed his brain **cells**.
	히즈 디지즈 디스추로이드 히즈 브뤠인 쎌즈.

07 20	I am outgoing **unlike** my shy brother.
	아이 엠 아웉고잉 언라잌 마이 샤이 브롸더r.

maid	change	sheet	once	avoid	doom
death	graduation	certificate	pitcher	stand	mound
throw	economic	section	newspaper	dirt	jeans
action	exactly	match	insult	fool	disease
destroy	brain	cell	outgoing	unlike	shy

07
11
The **maid** changes the bed sheets once a week.
일주일에 한 번 하녀가 침대 시트를 바꾼다.

07
12
She couldn't avoid the **doom** of death.
그녀는 죽음의 운명을 피할 수 없었다.

07
13
He got a graduation **certificate** from school.
그는 학교에서 졸업 증명서를 받았다.

07
14
The pitcher stood in the **mound** to throw the ball.
투수가 공을 던지려고 흙무더기에 섰다.

07
15
He reads the economic **section** of the newspaper.
그는 신문의 경제 부분을 읽는다.

07
16
There was **dirt** on her jeans.
그녀의 청바지에는 흙이 묻어 있었다.

07
17
His actions **exactly** match his words.
그의 행동은 그의 말과 정확하게 일치한다.

07
18
He insulted me by calling me a **fool**.
그는 나를 바보라고 부르며 모욕했다.

07
19
His disease destroyed his brain **cells**.
그는 질병 때문에 뇌의 세포가 파괴된다.

07
20
I am outgoing **unlike** my shy brother.
난 내성적 동생과 달리 사교적이다.

하녀	바꾸다	시트	한 번	피하다	운명
죽음	졸업	증명서	투수	서다	흙더미
던지다	경제의	부분	신문	흙	청바지
행동	정확하게	일치하다	모욕하다	바보	질병
파괴하다	뇌	세포	사교적인	~와 달리	수줍음을 타는

07 21 The fire truck **rushed** to the scene of the fire.
더 파이어r 추뤄 뤄쉬(트) 투 더 씬 어브 더 파이어r.

07 22 The nurse bandaged the **wound**.
더 너r쓰 밴디쥐(드) 더 워운:드.

07 23 The fisherman threw the **net** to catch the shrimps.
더 피쉬r맨 쓰로 더 넽 투 캐취 더 쉬륌쓰.

07 24 **Mammals** give birth to babies and feed them milk.
매멀즈 기브 버r쓰 투 베이비즈 앤(드) 피드 뎀 밀크.

07 25 The history of **mankind** is a series of struggles.
더 히스토뤼 어브 맨카인드 이즈 어 씨뤼즈 어브 스추뤄글즈.

07 26 Unlike now, I was **cute** when I was young.
언라잌 나우, 아이 워즈 큐:트 웬 아이 워즈 영.

07 27 The **liquid** water turned into solid ice.
더 리쿠윋 워러r 턴드 인투 쌀린 아이쓰.

07 28 **Female** and male students are together.
피:메일 앤(드) 메일 스튜든츠 아r 투게더r.

07 29 The weather is getting **worse** and worse.
더 웨더r 이즈 게링 워:r쓰 앤(드) 워:r쓰.

07 30 **Honesty** is the best way to gain trust.
아니스티 이즈 더 베스트 웨이 투 게인 추뤄스트.

fire truck	rush	scene	fire	nurse	bandage
wound	fisherman	net	shrimp	mammal	give birth
feed	history	mankind	a series of	struggle	unlike
cute	young	liquid	solid	female	male
together	weather	worse	honesty	gain	trust

07 21 The fire truck **rushed** to the scene of the fire.
소방차가 화재 현장으로 돌진했다.

07 22 The nurse bandaged the **wound**.
간호사가 상처에 붕대를 감았다.

07 23 The fisherman threw the **net** to catch the shrimps.
어부는 새우를 잡기 위해 그물을 던졌다.

07 24 **Mammals** give birth to babies and feed them milk.
포유동물은 새끼를 낳아서 우유를 먹인다.

07 25 The history of **mankind** is a series of struggles.
인류의 역사는 투쟁의 연속이다.

07 26 Unlike now, I was **cute** when I was young.
지금과 달리 나도 어릴 때는 귀여웠다.

07 27 The **liquid** water turned into solid ice.
액체의 물이 고체의 얼음으로 변했다.

07 28 **Female** and male students are together.
여학생과 남학생이 함께 있다.

07 29 The weather is getting **worse** and worse.
날씨가 점점 더 나빠지고 있다.

07 30 **Honesty** is the best way to gain trust.
정직이 신뢰를 얻는 최선의 길이다.

☐ 소방차	☐ 돌진하다	☐ 현장	☐ 화재	☐ 간호사	☐ 붕대
☐ 상처	☐ 어부	☐ 그물	☐ 새우	☐ 포유동물	☐ 새끼를 낳다
☐ 먹이 주다	☐ 역사	☐ 인류	☐ ~의 연속	☐ 투쟁	☐ ~와 달리
☐ 귀여운	☐ 어린	☐ 액체	☐ 고체	☐ 여성의	☐ 남성의
☐ 함께	☐ 날씨	☐ 더 나쁜	☐ 정직	☐ 얻다	☐ 신뢰

07 31 I will try to achieve my **aim**.
아이 윌 추롸이 투 어취브 마이 에임.

07 32 We have to **protect** the natural environment.
위 해브 투 프러텍트 더 네추뤌 인바이뤈멘트.

07 33 You need a passport to cross the **border**.
유 니드 어 패스포r(트) 투 크롸쓰 더 보:r더r.

07 34 The cat badly **scratched** my arm.
더 캩 배들리 스크뤠취트 마이 암.

07 35 The **maxim** left by the ancestors is a great lesson.
더 맥씸 레프트 바이 디 앤쎄스터r즈 이즈 어 그뤠잍 레쓴.

07 36 The dancer showed an elegant **movement**.
더 댄써r 쑈우드 언 엘러건(트) 무:브멘트.

07 37 Whales are included in the **sort** of mammals.
웨일즈 아r 인클루딛 인 더 쏘:r트 어브 매믈즈.

07 38 My **motto** is "Always do your best".
마이 마:로우 이즈 "올웨이즈 두 유어r 베스트".

07 39 He is a great **saver** as well as a consumer.
히 이즈 어 그뤠잍 쎄이버r 애즈 웰 애즈 어 컨수머r.

07 40 The terrorist cruelly **murdered** people.
더 테뤄뤼스트 크루얼리 머r더r드 피쁠.

achieve	aim	have to	protect	natural	environment
passport	cross	border	badly	scratch	maxim
leave	ancestor	lesson	show	elegant	movement
whale	include	sort	mammal	motto	always
saver	as well as	consumer	terrorist	cruelly	murder

07 31 I will try to achieve my **aim**.
난 목표를 달성하기 위해 노력할 것이다.

07 32 We have to **protect** the natural environment.
우리는 자연환경을 보호해야 한다.

07 33 You need a passport to cross the **border**.
네가 국경을 건너려면 여권이 필요하다.

07 34 The cat badly **scratched** my arm.
고양이가 내 팔을 심하게 할퀴었다.

07 35 The **maxim** left by the ancestors is a great lesson.
조상들이 남긴 격언은 훌륭한 교훈이다.

07 36 The dancer showed an elegant **movement**.
그 댄서는 우아한 움직임을 보여줬다.

07 37 Whales are included in the **sort** of mammals.
포유동물의 종류에는 고래도 포함된다.

07 38 My **motto** is "Always do your best".
나의 좌우명은 "항상 최선을 다하라"다.

07 39 He is a great **saver** as well as a consumer.
그는 소비자는 물론 대단한 절약가다.

07 40 The terrorist cruelly **murdered** people.
테러범은 잔인하게 사람들을 죽였다.

☐ 달성하다	☐ 목표	☐ 해야만 한다	☐ 보호하다	☐ 자연의	☐ 환경
☐ 여권	☐ 건너다	☐ 국경	☐ 심하게	☐ 할퀴다	☐ 격언
☐ 남기다	☐ 조상	☐ 교훈	☐ 보여주다	☐ 우아한	☐ 움직임
☐ 고래	☐ 포함하다	☐ 종류	☐ 포유동물	☐ 좌우명	☐ 항상
☐ 절약가	☐ ~는 물론	☐ 소비자	☐ 테러범	☐ 잔인하게	☐ 죽이다

07 41 NASA sent a **spaceship** to Mars.
내사 쎈트 어 스페이스쉽 투 마r쓰.

07 42 He was the only **survivor** of a fierce battle.
히 워즈 디 온리 써r바이버r 어브 어 피어r쓰 배를.

07 43 There is a lot of **risk** in climbing a cliff.
데어r 이즈 어 랕 어브 뤼스크 인 클라이밍 어 클리프.

07 44 She seated her child on her **lap**.
쉬 씨:릳 허r 촤일드 온 허r 랲.

07 45 I **hopped** like a rabbit ten times as a punishment.
아이 핲트 라잌 어 뤠빝 텐 타임즈 애즈 어 퍼니쉬멘트.

07 46 The carpenter **cleaved** the log with an ax.
더 카r펜터r 클리:브(드) 더 로그 위드 언 액쓰.

07 47 The truck faithfully followed the **traffic light**.
더 추뤅 페이쓰플리 팔로우(드) 더 추뤠픽 라잍.

07 48 He cannot **stretch** his legs on the train.
히 캔낱 스추뤠취 히즈 렉즈 온 더 추뤠인.

07 49 The **government** works for the people.
더 거번멘트 웤r쓰 포r 더 피쁠.

07 50 I kind of **regretted** my decision at that time.
아이 카인드 어브 뤼그뤠릳 마이 디씨줜 앹 댙 타임.

send	spaceship	Mars	survivor	fierce	battle
risk	climb	cliff	seat	child	lap
hop	rabbit	ten times	punishment	carpenter	cleave
log	ax	faithfully	follow	traffic light	cannot
stretch	train	government	kind of	regret	decision

07 41 NASA sent a **spaceship** to Mars.
나사는 화성에 우주선을 보냈다.

07 42 He was the only **survivor** of a fierce battle.
그는 치열한 전투의 유일한 생존자였다.

07 43 There is a lot of **risk** in climbing a cliff.
절벽을 올라가는 데는 위험이 많다.

07 44 She seated her child on her **lap**.
그녀는 아이를 그녀의 무릎에 앉혔다.

07 45 I **hopped** like a rabbit ten times as a punishment.
나는 벌로 10번 토끼처럼 깡충깡충 뛰었다.

07 46 The carpenter **cleaved** the log with an ax.
목수가 통나무를 도끼로 쪼갰다.

07 47 The truck faithfully followed the **traffic light**.
그 트럭은 신호등을 충실히 따랐다.

07 48 He cannot **stretch** his legs on the train.
그는 기차에서 다리를 뻗을 수 없다.

07 49 The **government** works for the people.
정부는 국민을 위해 일한다.

07 50 I kind of **regretted** my decision at that time.
나는 그때의 결정을 약간 후회했다.

☐ 보내다	☐ 우주선	☐ 화성	☐ 생존자	☐ 치열한	☐ 전투
☐ 위험	☐ 기어오르다	☐ 절벽	☐ 앉히다	☐ 아이	☐ 무릎
☐ 뛰다	☐ 토끼	☐ 10번	☐ 벌	☐ 목수	☐ 쪼개다
☐ 통나무	☐ 도끼	☐ 충실히	☐ 따르다	☐ 교통 신호등	☐ 할 수 없다
☐ 뻗다	☐ 기차	☐ 정부	☐ 약간	☐ 후회하다	☐ 결정

07
51
The government banned the export of **lumber**.
더 거**번**멘트 밴(드) 디 엑쓰포r트 어브 **럼**버r.

07
52
He **proved** his innocence with solid evidence.
히 프로:브드 히즈 이노쎈스 위드 쌀린 에비든쓰.

07
53
I live in the **suburb** and I commute to the city.
아이 리브 인 더 써버:r브 앤(드) 아이 커뮫 투 더 씨디.

07
54
This medicine helps to **digest** food.
디쓰 메디쓴 헲쓰 투 다이줴슽 푸드.

07
55
Her **schedule** changes depending on the situation.
허r 스케줄 췌인쥐쓰 디펜딩 온 더 시추에이션.

07
56
The students submitted the **project** on time.
더 스튜든츠 써브미린 더 프롸젝트 온 타임.

07
57
My **best** friends are my colleagues.
마이 베스트 프뤤즈 아r 마이 칼리그즈.

07
58
She wrote a horror **novel** with her imagination.
쉬 로웉 어 호뤄r 나블 위드 허r 이메쥐네이션.

07
59
I called the hotel to make a **reservation**.
아이 콜(드) 더 호우텔 투 메이크 어 뤠저r베이션.

07
60
The **cause** of business failure is lack of capital.
더 코:즈 어브 비즈니쓰 페일리어r 이즈 랙 어브 캐피틀.

government	ban	export	lumber	prove	innocence
solid	evidence	suburb	commute	city	medicine
digest	depending on	situation	submit	project	on time
colleague	write	horror	novel	imagination	call
reservation	cause	business	failure	lack	capital

07 51
The government banned the export of **lumber**.
정부는 목재의 수출을 금지했다.

07 52
He **proved** his innocence with solid evidence.
그는 확실한 증거로 무죄를 증명했다.

07 53
I live in the **suburb** and I commute to the city.
나는 교외에 살면서 도시로 통근한다.

07 54
This medicine helps to **digest** food.
이 약은 음식을 소화하는 것을 도와준다.

07 55
Her **schedule** changes depending on the situation.
그녀의 시간표는 상황에 따라 변한다.

07 56
The students submitted the **project** on time.
학생들은 과제를 제시간에 제출했다.

07 57
My **best** friends are my colleagues.
나의 최고의 친구는 나의 동료들이다.

07 58
She wrote a horror **novel** with her imagination.
그녀는 상상력으로 공포 소설을 썼다.

07 59
I called the hotel to make a **reservation**.
나는 예약을 위해 호텔에 전화했다.

07 60
The **cause** of business failure is lack of capital.
사업 실패의 원인은 자금 부족이다.

정부	금지하다	수출	목재	증명하다	무죄
확실한	증거	교외	통근하다	도시	약
소화시키다	~에 따라	상황	제출하다	과제	제시간에
동료	쓰다	공포	소설	상상력	전화하다
예약	원인	사업	실패	부족	자금

173

07
61
We **continued** the heated discussion.
위 컨티뉴:(드) 더 히릳 디쓰커션.

07
62
Hunger and disease bring **suffering**.
헝거r 앤(드) 디지즈 브륑 써퍼륑.

07
63
Her rudeness made me lose my **patience**.
허r 루드네쓰 메읻 미 루즈 마이 페이션쓰.

07
64
He **popped** the balloon with a needle.
히 팦(트) 더 벌룬 위드 어 니들.

07
65
She **patted** a cute child's head.
쉬 패릳 어 큐욷 촤일즈 헤드.

07
66
The baseball game is on its 3rd **inning.**
더 베이쓰볼 게임 이즈 온 이츠 써r드 이닝.

07
67
I wiped the **sweat** on my face with a handkerchief.
아아 와잎(트) 더 스웰 온 마이 페이쓰 위드 어 핸커r취프.

07
68
It is **impossible** for him to solve the problem.
읻 이즈 임파써블 포r 힘 투 쌀:브 더 프롸블럼.

07
69
She was worried about his **absence**.
쉬 워즈 워뤼드 어바욷 히즈 앱쓴쓰.

07
70
He ran **ahead** and grabbed the horse by the reins.
히 뤤 어헤드 앤(드) 그뤱(드) 더 호r쓰 바이 더 뤠인즈.

continue	heated	discussion	hunger	disease	bring
suffering	rudeness	lose	patience	pop	balloon
needle	pat	cute	baseball	third	inning
wipe	sweat	handkerchief	impossible	solve	problem
be worried	absence	run	ahead	grab	rein

07 61
We **continued** the heated discussion.
우리는 열띤 토론을 계속했다.

07 62
Hunger and disease bring **suffering**.
배고픔과 질병이 고통을 가져온다.

07 63
Her rudeness made me lose my **patience**.
나의 그녀의 무례함에 인내심을 잃었다.

07 64
He **popped** the balloon with a needle.
그는 바늘로 풍선을 터트렸다.

07 65
She **patted** a cute child's head.
그녀는 귀여운 아이의 머리를 쓰다듬었다.

07 66
The baseball game is on its 3rd **inning.**
야구 경기는 3 회 진행 중이다.

07 67
I wiped the **sweat** on my face with a handkerchief.
나는 손수건으로 얼굴의 땀을 닦았다.

07 68
It is **impossible** for him to solve the problem.
그가 문제를 푸는 것은 불가능하다.

07 69
She was worried about his **absence**.
그녀는 그의 결석에 대해서 걱정했다.

07 70
He ran **ahead** and grabbed the horse by the reins.
그는 앞으로 달려가서 말의 고삐를 잡았다.

☐ 계속하다	☐ 열띤	☐ 토론	☐ 배고픔	☐ 질병	☐ 가져오다
☐ 고통	☐ 무례함	☐ 잃다	☐ 인내심	☐ 펑 터뜨리다	☐ 풍선
☐ 바늘	☐ 쓰다듬다	☐ 귀여운	☐ 야구	☐ 3번째	☐ 회
☐ 닦다	☐ 땀	☐ 손수건	☐ 불가능한	☐ 풀다	☐ 문제
☐ 걱정하다	☐ 결석	☐ 달리다	☐ 앞으로	☐ 잡다	☐ 고삐

07
71
The hidden lion **attacked** the deer.
더 히든 라이언 어택트 더 디어r.

07
72
She **freezes** the fish for storage.
쉬 프뤼:지즈 더 피쉬 포r 스토r뤼쥐.

07
73
The runner was too exhausted to run any **further**.
더 뤄너r 워즈 투 이그조스틸 투 뤈 에니 퍼:r더r.

07
74
The foreign students learned about Korean **culture**.
더 포륀 스튜든츠 런드 어바웉 코뤼언 컬춰r.

07
75
We met at Anyang first **avenue**.
위 멭 앹 안양 퍼r스트 애버뉴.

07
76
This hat is too **tight** on my head.
디쓰 햍 이즈 투 타잍 온 마이 헤드.

07
77
Wine is a drink that goes with steak.
와인 이즈 어 주륑크 댙 고우즈 위드 스테잌.

07
78
The **readers** of this essay wrote brief reviews.
더 뤼:더r즈 어브 디쓰 에쎄이 로웉 브뤼프 뤼뷰즈.

07
79
A rose **festival** is held every year around this time.
어 로우즈 페스터블 이즈 헬드 에브뤼 이어r 어롸운(드) 디스 타임.

07
80
I rushed to pour the beer and it produced **foam**.
아이 뤄쉴 투 포:어r 더 비어r 앤(드) 잍 프러듀스트 포움.

hidden	attack	deer	freeze	storage	runner
too A to B	exhausted	further	foreign	learn	Korean
culture	avenue	tight	wine	drink	go with
steak	reader	essay	brief	review	festival
every year	around	rush	pour	produce	foam

07 71
The hidden lion **attacked** the deer.
숨어 있던 사자가 사슴을 공격했다.

07 72
She **freezes** the fish for storage.
그녀는 보관을 위해서 생선을 얼린다.

07 73
The runner was too exhausted to run any **further**.
주자는 더 멀리 뛰기에는 너무 기진맥진했다.

07 74
The foreign students learned about Korean **culture**.
외국 학생들이 한국 문화를 배웠다.

07 75
We met at Anyang first **avenue**.
우리는 안양 1번 거리에서 만났다.

07 76
This hat is too **tight** on my head.
이 모자는 내 머리에 너무 꽉 조인다.

07 77
Wine is a drink that goes with steak.
포도주는 스테이크와 어울리는 술이다.

07 78
The **readers** of this essay wrote brief reviews.
이 수필의 독자들이 짧은 서평을 썼다.

07 79
A rose **festival** is held every year around this time.
장미 축제가 매년 이 시기에 열린다.

07 80
I rushed to pour the beer and it produced **foam**.
맥주를 급히 따르자 거품을 만들어냈다.

☐ 숨은	☐ 공격하다	☐ 사슴	☐ 얼리다	☐ 보관	☐ 주자
☐ B하기엔 너무 A하다	☐ 기진맥진한	☐ 더 멀리	☐ 외국의	☐ 배우다	☐ 한국의
☐ 문화	☐ 거리	☐ 꽉 조이는	☐ 포도주	☐ 술	☐ 어울리다
☐ 스테이크	☐ 독자	☐ 수필	☐ 짧은	☐ 서평	☐ 축제
☐ 매년	☐ 대략 ~ 쯤	☐ 급히 하다	☐ 따르다	☐ 만들어내다	☐ 거품

07 81 I found Australia on the **globe**.
아이 파운드 오스추뤨리아 온 더 글로우브.

07 82 Our future depends on your **choice**.
아워r 퓨처r 디펜즈 온 유어r 초이쓰.

07 83 He wrote a letter of **apology** out of regret.
히 로우트 어 레러r 어브 어팔러쥐 아웉 어브 뤼그뤹.

07 84 When the crow flew, the **pear** fell off the tree.
웬 더 크로우 플루, 더 페어r 펠 어프 더 추뤼.

07 85 When I grow up, I want to **reward** my parents.
웬 아이 그로우 엎, 아이 원(트) 투 뤼워:r드 마이 페어뤈츠.

07 86 The **shepherd** found a lost lamb.
더 쉐퍼r드 파운드 어 로스트 램.

07 87 Wear red **rubber** gloves when doing the dishes.
웨어r 뤧 뤄버r 글로우브즈 웬 두잉 더 디쉬즈.

07 88 He got a **flu** shot at a public health center.
히 같 어 플루: 샽 앹 어 퍼블릭 헬쓰 쎈터r.

07 89 She **selected** a movie she wanted to see.
쉬 씰렉틷 어 무비 쉬 원틷 투 씨.

07 90 He overcame the **weakness** of being a foreigner.
히 오우버r케임 더 위:크네쓰 어브 비잉 어 포뤼너r

Australia	globe	future	depend on	choice	letter
apology	regret	crow	fly	pear	fall off
When ~	grow up	reward	parents	shepherd	lost
lamb	wear	rubber	do the dishes	flu	shot
public	health	select	overcome	weakness	foreigner

07 81 I found Australia on the **globe**.
나는 지구본에서 호주를 찾았다.

07 82 Our future depends on your **choice**.
우리의 미래는 너의 선택에 달려 있다.

07 83 He wrote a letter of **apology** out of regret.
그는 후회하면서 사과의 편지를 썼다.

07 84 When the crow flew, the **pear** fell off the tree.
까마귀 날자 배가 나무에서 떨어졌다.

07 85 When I grow up, I want to **reward** my parents.
나는 자라서 부모님께 보답하고 싶다.

07 86 The **shepherd** found a lost lamb.
양치기는 길 잃은 새끼 양을 발견했다.

07 87 Wear red **rubber** gloves when doing the dishes.
설거지를 할 때 빨간 고무장갑을 껴라.

07 88 He got a **flu** shot at a public health center.
그는 보건소에서 독감 주사를 맞았다.

07 89 She **selected** a movie she wanted to see.
그녀는 보고 싶은 영화를 선택했다.

07 90 He overcame the **weakness** of being a foreigner.
그는 외국인이라는 약점을 극복했다.

☐ 호주	☐ 지구본	☐ 미래	☐ ~에 달려있다	☐ 선택	☐ 편지
☐ 사과	☐ 후회하다	☐ 까마귀	☐ 날다	☐ 배	☐ 떨어지다
☐ ~할 때	☐ 자라다	☐ 보답하다	☐ 부모님	☐ 양치기	☐ 잃어버린
☐ 새끼양	☐ 끼다	☐ 고무	☐ 설거지를 하다	☐ 독감	☐ 주사
☐ 공공의	☐ 건강	☐ 선택하다	☐ 극복하다	☐ 약점	☐ 외국인

07
91
Which **track** is the train bound for Seoul?
위취 추뤡 이즈 더 추뤠인 바운드 포r 써울?

07
92
What is the largest **planet** in the solar system?
월 이즈 더 라r쥐스트 플래닡 인 더 쏘울러r 씨쓰텀?

07
93
I confessed my **feeling** to her.
아이 컨페쓰트 마이 필링 투 허r.

07
94
Indians believe cows are **holy** animals.
인디언즈 블리브 카우즈 아r 호울리 애니멀즈.

07
95
A big **typhoon** will soon hit this island.
어 빅 타이푼: 윌 쑨 힡 디쓰 아일랜드.

07
96
Let's **compare** the size of the moon and the sun.
레츠 컴페어r 더 싸이즈 어브 더 문 앤(드) 더 썬.

07
97
A carpenter drove a nail into a tree with a **hammer**.
어 카r펜터r 주로우브 어 네일 인투 어 추뤼 위드 어 해머r.

07
98
She laid a **blanket** on the cold floor.
쉬 레이드 어 블랭킽 온 더 코울드 플로어r.

07
99
Companies have to know the **consumers'** tastes.
컴뻐니즈 해브 투 노우 더 컨수:머즈 테이스츠.

08
00
The **campsite** only provides basic facilities.
더 캠프싸잍 온리 프러바이즈 베이씩 퍼씰리티즈.

track	train	bound for	the largest	planet	solar system
confess	feeling	Indian	believe	holy	typhoon
soon	island	compare	moon	carpenter	drive
nail	hammer	lay	blanket	floor	have to
consumer	taste	campsite	provide	basic	facility

07 91 Which **track** is the train bound for Seoul?
서울행의 기차는 어느 선로인가요?

07 92 What is the largest **planet** in the solar system?
태양계에서 가장 큰 행성은 무엇인가요?

07 93 I confessed my **feeling** to her.
나는 그녀에게 나의 감정을 고백했다.

07 94 Indians believe cows are **holy** animals.
인도인은 소가 신성한 동물이라고 믿는다.

07 95 A big **typhoon** will soon hit this island.
큰 태풍이 곧 이 섬을 덮칠 것이다.

07 96 Let's **compare** the size of the moon and the sun.
달과 태양의 크기를 비교해보자.

07 97 A carpenter drove a nail into a tree with a **hammer**.
목수는 망치로 못을 나무에 박았다.

07 98 She laid a **blanket** on the cold floor.
그녀는 담요를 차가운 바닥에 깔았다.

07 99 Companies have to know the **consumers'** tastes.
기업들은 소비자의 취향을 잘 알아야 한다.

08 00 The **campsite** only provides basic facilities.
야영지는 기본적인 편의시설들만 제공한다.

☐ 선로	☐ 기차	☐ ~행의	☐ 가장 큰	☐ 행성	☐ 태양계
☐ 고백하다	☐ 감정	☐ 인도인	☐ 믿다	☐ 신성한	☐ 태풍
☐ 곧	☐ 섬	☐ 비교하다	☐ 달	☐ 목수	☐ 밀어 넣다
☐ 못	☐ 망치	☐ 놓다	☐ 담요	☐ 마룻바닥	☐ 해야만 한다
☐ 소비자	☐ 취향	☐ 야영지	☐ 제공하다	☐ 기본적인	☐ 편의시설

표제어 리뷰 테스트

MP3 듣기

01	dictionary	21	direct	41	neither	61	starve	81	flock
02	dusk	22	precious	42	several	62	hesitate	82	agree
03	subject	23	suit	43	legend	63	demon	83	unless
04	mosquito	24	shift	44	direction	64	customer	84	vast
05	joy	25	prepare	45	chef	65	communicate	85	examine
06	universe	26	location	46	behavior	66	prime	86	pose
07	exterior	27	seal	47	solar	67	possible	87	expensive
08	promise	28	horror	48	jealous	68	matter	88	rub
09	sunlight	29	client	49	electric	69	elbow	89	dizzy
10	sincere	30	gloom	50	causal	70	soften	90	gain
11	count	31	silence	51	investigate	71	tightly	91	pleasure
12	hook	32	frighten	52	oath	72	pollution	92	dim
13	bravery	33	final	53	cashier	73	greeting	93	refund
14	method	34	sail	54	chaos	74	global	94	mist
15	weigh	35	satisfy	55	texture	75	detective	95	robber
16	publish	36	wildlife	56	understand	76	angrily	96	yet
17	totally	37	pardon	57	frame	77	debate	97	harsh
18	excite	38	freezer	58	distance	78	grab	98	editor
19	reply	39	recognize	59	forgive	79	painter	99	reform
20	blame	40	upper	60	unity	80	vary	00	communication

01 scrub	21 rush	41 spaceship	61 continue	81 globe
02 beginning	22 wound	42 survivor	62 suffering	82 choice
03 policy	23 net	43 risk	63 patience	83 apology
04 role	24 mammal	44 lap	64 pop	84 pear
05 counselor	25 mankind	45 hop	65 pat	85 reward
06 wrist	26 cute	46 cleave	66 inning	86 shepherd
07 eager	27 liquid	47 traffic light	67 sweat	87 rubber
08 setup	28 female	48 stretch	68 impossible	88 flu
09 sophomore	29 worse	49 government	69 absence	89 select
10 snack	30 honesty	50 regret	70 ahead	90 weakness
11 maid	31 aim	51 lumber	71 attack	91 track
12 doom	32 protect	52 prove	72 freeze	92 planet
13 certificate	33 border	53 suburb	73 further	93 feeling
14 mound	34 scratch	54 digest	74 culture	94 holy
15 section	35 maxim	55 schedule	75 avenue	95 typhoon
16 dirt	36 movement	56 project	76 tight	96 compare
17 exactly	37 sort	57 best	77 wine	97 hammer
18 fool	38 motto	58 novel	78 reader	98 blanket
19 cell	39 saver	59 reservation	79 festival	99 consumer
20 unlike	40 murder	60 cause	80 foam	00 campsite

정답

01 사전	21 직접의	41 둘 다 아니다	61 굶어 죽다	81 무리
02 해질녘	22 귀중한	42 몇몇의	62 망설이다	82 동의하다
03 과목	23 정장	43 전설	63 악마	83 ~하지 않으면
04 모기	24 바꾸다	44 방향	64 고객	84 막대한
05 기쁨	25 준비하다	45 요리사	65 의사소통하다	85 검사하다
06 우주	26 위치	46 행동	66 주요한	86 자세
07 외부	27 봉인하다	47 태양의	67 가능한	87 비싼
08 약속하다	28 공포	48 질투하는	68 문제	88 문지르다
09 햇빛	29 의뢰인	49 전기의	69 팔꿈치	89 어지러운
10 진심의	30 우울함	50 인과의	70 부드럽게 하다	90 얻다
11 세다	31 침묵	51 조사하다	71 단단하게	91 즐거움
12 고리	32 놀라게 하다	52 맹세	72 오염	92 흐릿한
13 용감함	33 마지막의	53 현금출납원	73 인사	93 환불하다
14 방법	34 돛	54 혼돈	74 지구의	94 옅은 안개
15 무게를 재다	35 만족시키다	55 직물	75 탐정	95 강도
16 출판하다	36 야생동물	56 이해하다	76 화가 나서	96 아직
17 완전히	37 용서	57 틀	77 토론	97 가혹한
18 흥분시키다	38 냉동고	58 거리	78 잡다	98 편집자
19 대답하다	39 알아보다	59 용서하다	79 화가	99 개혁하다
20 비난하다	40 위쪽의	60 통일	80 변하다	00 의사소통

정답

01 문질러 닦다	21 돌진하다	41 우주선	61 계속하다	81 지구본
02 시작	22 상처	42 생존자	62 고통	82 선택
03 정책	23 그물	43 위험	63 인내심	83 사과
04 역할	24 포유동물	44 무릎	64 펑 터뜨리다	84 배
05 상담사	25 인류	45 뛰다	65 쓰다듬다	85 보답하다
06 손목	26 귀여운	46 쪼개다	66 회	86 양치기
07 열망하는	27 액체	47 신호등	67 땀	87 고무
08 설치	28 여성의	48 뻗다	68 불가능한	88 독감
09 2학년생	29 더 나쁜	49 정부	69 결석	89 선택하다
10 간식	30 정직	50 후회하다	70 앞으로	90 약점
11 하녀	31 목표	51 목재	71 공격하다	91 선로
12 운명	32 보호하다	52 증명하다	72 얼리다	92 행성
13 증명서	33 국경	53 교외	73 더 멀리	93 감정
14 흙더미	34 할퀴다	54 소화시키다	74 문화	94 신성한
15 부분	35 격언	55 시간표	75 거리	95 태풍
16 흙	36 움직임	56 과제	76 꽉 조이는	96 비교하다
17 정확하게	37 종류	57 최고의	77 포도주	97 망치
18 바보	38 좌우명	58 소설	78 독자	98 담요
19 세포	39 절약가	59 예약	79 축제	99 소비자
20 ~와 달리	40 죽이다	60 원인	80 거품	00 야영지

041일
-
050일

05장

영어 공부 잘하는 법

08 01 The **conductor** of the concert grabbed his stick.
더 컨덕터r 어브 더 컨써r트 그뤱드 히즈 스틱.

08 02 She has straight **blond** hair.
쉬 해즈 스추뤠잍 블란드 헤어r.

08 03 I don't have a **solution** for the decrease in population.
아이 도운(트) 해브 어 썰루:션 포r 더 디크뤼스 인 파퓰레이션.

08 04 Staying in the woods at night is too **risky**.
스테잉 인 더 우즈 앹 나잍 이즈 투 뤼스키.

08 05 There is a new movie theater **downtown**.
데어r 이즈 어 뉴 무비 띠어러r 다운타운.

08 06 **Either** Minsu or Jenny come over here.
이:더r 민수 오어r 쮀니 컴 오우버r 히어r.

08 07 The surface of the stone is as **smooth** as leather.
더 써r피쓰 어브 더 스토운 이즈 애즈 스무:쓰 애즈 레더r.

08 08 The light of the lighthouse **blinked** in the dark.
더 라잍 어브 더 라잍하우쓰 블링트 인 더 다r크.

08 09 There is a carp and a goldfish in this **pond**.
데어r 이즈 어 카r프 앤(드) 어 고울드피쉬 인 디쓰 판:드.

08 10 I installed a strong **lock** on the front door.
아이 인스톨드 어 스추롱 락 온 더 프뤈(트) 도어r.

conductor	concert	grab	stick	straight	blond
solution	decrease	population	stay	woods	too
risky	theater	downtown	either A or B	surface	as A as B
smooth	leather	lighthouse	blink	dark	carp
goldfish	pond	install	strong	lock	front

08 01 The **conductor** of the concert grabbed his stick.
연주회의 지휘자가 막대기를 잡았다.

08 02 She has straight **blond** hair.
그녀는 금발의 생머리를 하고 있다.

08 03 I don't have a **solution** for the decrease in population.
나는 인구 감소에 대한 해결책이 없다.

08 04 Staying in the woods at night is too **risky**.
밤에 숲 속에 머무르는 건 너무 위험하다.

08 05 There is a new movie theater **downtown**.
시내에 새로운 영화관이 생겼다.

08 06 **Either** Minsu or Jenny come over here.
민수나 제니 중에 한 사람 여기로 와라.

08 07 The surface of the stone is as **smooth** as leather.
돌의 표면이 가죽만큼이나 매끄럽다.

08 08 The light of the lighthouse **blinked** in the dark.
등대의 불빛이 어둠 속에서 깜박거렸다.

08 09 There is a carp and a goldfish in this **pond**.
이 연못에는 잉어와 금붕어가 산다.

08 10 I installed a strong **lock** on the front door.
나는 정문에 튼튼한 자물쇠를 설치했다.

☐ 지휘자	☐ 연주회	☐ 잡다	☐ 막대기	☐ 곧은	☐ 금발의
☐ 해결책	☐ 감소	☐ 인구	☐ 머무르다	☐ 숲	☐ 너무
☐ 위험한	☐ 극장	☐ 시내에	☐ A 나 B 나	☐ 표면	☐ B 만큼 A 한
☐ 매끄러운	☐ 가죽	☐ 등대	☐ 깜박거리다	☐ 어둠	☐ 잉어
☐ 금붕어	☐ 연못	☐ 설치하다	☐ 튼튼한	☐ 자물쇠	☐ 앞쪽의

08 11
It is rumored that **ghosts** haunt this house.
잍 이즈 루머r(드) 댇 고우스츠 혼:트 디쓰 하우쓰.

08 12
He roamed the town in **queer** clothes.
히 로움(드) 더 타운 인 쿠위어r 클로우즈.

08 13
She has both **advantages** and disadvantages.
쉬 해즈 보우쓰 애드밴티쥐즈 앤(드) 디써밴티쥐즈.

08 14
The doctor **advised** me to exercise.
더 닥터r 애드바이즈드 미 투 엑써싸이즈.

08 15
The bomb **exploded** at the factory.
더 밤 익쓰플로우딛 앹 더 팩토뤼.

08 16
The current world population is 6 **billion**.
더 커뤈트 워r을드 파퓰레이션 이즈 씩쓰 빌리언.

08 17
He sells meat at a **minimum** price.
히 쎌즈 미:잍 앹 어 미니멈 프롸이쓰.

08 18
According to the news, it will rain tomorrow.
어코r딩 투 더 뉴쓰, 잍 윌 뤠인 투머로우.

08 19
After intense **exercise**, my forehead became sweaty.
애프터r 인텐쓰 엑써r싸이즈, 마이 포r헤드 비케임 스웨디.

08 20
Poor **rainfall** made the ground dry like a desert.
푸어r 뤠인폴: 메읻 더 그롸운(드) 주롸이 라잌 어 데저r트.

rumor	ghost	haunt	**roam**	town	queer
clothes	both A and B	advantage	disadvantage	**advise**	exercise
bomb	explode	factory	current	population	**billion**
minimum	price	according to	**tomorrow**	intense	exercise
forehead	**sweaty**	poor	rainfall	dry	desert

08
11
It is rumored that **ghosts** haunt this house.
이 집에는 유령이 출현한다는 소문이다.

08
12
He roamed the town in **queer** clothes.
그는 기묘한 옷으로 마을을 돌아다녔다.

08
13
She has both **advantages** and disadvantages.
그녀는 장점과 단점 둘 다 있다.

08
14
The doctor **advised** me to exercise.
의사는 나에게 운동을 하라고 충고했다.

08
15
The bomb **exploded** at the factory.
폭탄이 공장에서 폭발했다.

08
16
The current world population is 6 **billion**.
현재 세계의 인구는 60억이다.

08
17
He sells meat at a **minimum** price.
그는 최저의 가격으로 고기를 판다.

08
18
According to the news, it will rain tomorrow.
뉴스에 따르면 내일 비가 올 것이다.

08
19
After intense **exercise**, my forehead became sweaty.
심한 운동후 이마가 땀투성이가 되었다.

08
20
Poor **rainfall** made the ground dry like a desert.
강수량이 부족해서 땅이 사막처럼 말랐다.

소문	유령	출몰하다	돌아다니다	마을	기묘한
옷	A와 B 둘	장점	단점	충고하다	운동하다
폭탄	폭발하다	공장	현재의	인구	10억
최저의	가격	~에 따르면	내일	심한	운동
이마	땀투성이의	부족한	강수량	마른	사막

08 21 The candidate's **campaign** speech was impressive.
더 캔디딛츠 캠페인 스삐취 워즈 임프뤠씨브.

08 22 She's the world record **holder** for 100 meters.
쉬즈 더 워r을드 뤠코r드 호울더r 포r 원 헌드뤧 미러r즈.

08 23 I need a **sheet** of paper to draw a portrait.
아이 니드 어 쉬:트 어브 페이퍼r 투 주롸 어 포r추뤹.

08 24 People cannot **breathe** underwater.
피쁠 캔낱 브뤼:드 언더r워러r.

08 25 She is a **generous** lady to her neighbors.
쉬 이즈 어 줴너뤄쓰 레이디 투 허r 네이버r즈.

08 26 A travel **agent** made a hotel reservation.
어 추뤠블 에이줜트 메이드 어 호우텔 뤠저r베이션.

08 27 This is the **ideal** place for a summer vacation.
디쓰 이즈 디 아이디:얼 플레이쓰 포r 어 썸머r 베케이션.

08 28 Ichigo **yanked** at Lukia's sleeve strongly.
이치고우 앵트 앹 루키아즈 슬리브 스추롱리.

08 29 The hope of **survival** is gradually diminishing.
더 호웊 어브 써r바이블 이즈 그뤠주얼리 디미니쉥.

08 30 She has a slight **fever** because of her cold.
쉬 해즈 어 슬라잍 피:버r 비코:즈 어브 허r 코울드.

candidate	campaign	speech	impressive	record	holder
need	a sheet of~	draw	portrait	breathe	underwater
generous	lady	neighbor	travel	agent	reservation
ideal	place	vacation	yank	sleeve	strongly
survival	gradually	diminish	slight	fever	cold

190

08 21 The candidate's **campaign** speech was impressive.
후보자의 선거운동 연설은 인상적이었다.

08 22 She's the world record **holder** for 100 meters.
그녀는 100m 세계 기록 보유자다.

08 23 I need a **sheet** of paper to draw a portrait.
난 초상화를 그릴 종이 1장이 필요하다.

08 24 People cannot **breathe** underwater.
사람들은 물속에서 숨쉴 수 없다.

08 25 She is a **generous** lady to her neighbors.
그녀는 이웃들에게 관대한 숙녀다.

08 26 A travel **agent** made a hotel reservation.
여행 대리인이 호텔 예약을 했다.

08 27 This is the **ideal** place for a summer vacation.
이곳은 여름휴가를 보내기에 이상적인 장소다.

08 28 Ichigo **yanked** at Lukia's sleeve strongly.
이치고는 루키아 소매를 강하게 잡아당겼다.

08 29 The hope of **survival** is gradually diminishing.
생존의 희망이 서서히 줄어들고 있다.

08 30 She has a slight **fever** because of her cold.
그녀는 감기로 이마에 약간의 열이 있다.

☐ 후보자	☐ 선거운동	☐ 연설	☐ 인상적인	☐ 기록	☐ 보유자
☐ 필요하다	☐ 한 장의~	☐ 그리다	☐ 초상화	☐ 숨을 쉬다	☐ 물속에서
☐ 관대한	☐ 숙녀	☐ 이웃	☐ 여행하다	☐ 대리인	☐ 예약
☐ 이상적인	☐ 장소	☐ 휴가	☐ 홱 잡아당기다	☐ 소매	☐ 강하게
☐ 생존	☐ 서서히	☐ 줄어들다	☐ 약간의	☐ 열	☐ 감기

08 31 I **divided** the watermelon into 8 pieces.
아이 디**바**이딛 더 워러r멜런 인투 에잍 피쎄쓰.

08 32 He **bothered** the weak kids at school.
히 바더r(드) 더 윅 킫즈 앹 스쿨.

08 33 The mailman is **delivering** letters.
더 메일맨 이즈 딜리**버**륑 레러r즈.

08 34 She sleeps **less** than 8 hours a day.
쉬 슬맆쓰 레쓰 댄 에잍 아우어r즈 어 데이.

08 35 Hangul Day is a holiday on **October** 9th.
한글 데이 이즈 어 할러데이 온 악토우버r 나인쓰.

08 36 Why do you look **so** tired today?
와이 두 유 룩 쏘우 타이어r(드) 투데이?

08 37 The company **employed** her as a secretary.
더 컴뻐니 임플로이드 허r 애즈 어 쎄크뤠테뤼.

08 38 He moved to the city from the **countryside**.
히 무브(드) 투 더 씨디 프**뤔** 더 컨추**뤼**싸이드.

08 39 Conan is a famous **cartoon** character.
코우난 이즈 어 페이머쓰 카:r툰: 캐뤽터r.

08 40 I jump rope for weight **loss**.
아이 쥠프 로웊 포r 웨잍 로:쓰.

divide	watermelon	piece	bother	weak	kid
mailman	deliver	sleep	less than ~	a day	holiday
October	why	look	so	tired	today
employ	as ~	secretary	move	city	countryside
famous	cartoon	character	jump rope	weight	loss

08 31 I **divided** the watermelon into 8 pieces.
나는 수박을 8조각으로 나눴다.

08 32 He **bothered** the weak kids at school.
그는 학교에서 약한 애들을 괴롭혔다.

08 33 The mailman is **delivering** letters.
집배원이 편지를 나르고 있다.

08 34 She sleeps **less** than 8 hours a day.
그녀는 하루에 8시간보다 적게 잠을 잔다.

08 35 Hangul Day is a holiday on **October** 9th.
한글날은 10월 9일로 공휴일이다.

08 36 Why do you look **so** tired today?
당신은 오늘따라 왜 그렇게 피곤하게 보이나요?

08 37 The company **employed** her as a secretary.
그 회사는 그녀를 비서로 고용했다.

08 38 He moved to the city from the **countryside**.
그는 시골에서 도시로 이사했다.

08 39 Conan is a famous **cartoon** character.
코난은 유명한 만화의 등장인물다.

08 40 I jump rope for weight **loss**.
나는 체중 줄이기를 위해 줄넘기를 한다.

나누다	수박	조각	괴롭히다	약한	아이
집배원	배달하다	잠자다	~보다 적은	하루에	공휴일
10월	왜	보이다	그렇게	피곤한	오늘
고용하다	~로서	비서	이사하다	도시	시골
유명한	만화	등장인물	줄넘기를 하다	체중	줄임

08 41 I brought a match to **kindle** firewood.
아이 브홬 어 매취 투 킨들 파이어r워드.

08 42 He showed a **positive** response to the proposal.
히 쑈우드 어 파저티브 뤼스빤쓰 투 더 프러포우즐.

08 43 I **detached** the creepy insect from my arm.
아이 디태취(트) 더 크뤼피 인쎅트 프륌 마이 암.

08 44 The museum receives money for the **entry** fee.
더 뮤지엄 뤼씨브즈 머니 포r 디 엔추뤼 피.

08 45 The customs officer checked the **luggage**.
더 커스틈즈 아피써r 췍(트) 더 러기쥐.

08 46 He is a **Spanish** man from Spain.
히 이즈 어 스패니쉬 맨 프륌 스뻬인.

08 47 She measured the amount of flour on a **scale**.
쉬 메줘r(드) 더 어마운트 어브 플라워r 온 어 스케일.

08 48 I am so sleepy that my **eyelids** are really heavy.
아이 엠 쏘우 슬리피 댙 마이 아일릳즈 아r 뤼을리 헤비.

08 49 He overcame the **tough** time of unemployment.
히 오우버r케임 더 터프 타임 어브 언임플로이멘트.

08 50 She covered the table with a white **cloth**.
쉬 커버r(드) 더 테이블 위드 어 와일 클로:쓰.

bring	match	kindle	firewood	positive	response
proposal	detach	creepy	insect	museum	receive
entry	fee	customs	officer	luggage	Spanish
Spain	measure	amount	flour	scale	sleepy
eyelid	heavy	overcome	tough	unemployment	cloth

08 41 I brought a match to **kindle** firewood.
난 장작에 불붙이려고 성냥을 가져왔다.

08 42 He showed a **positive** response to the proposal.
그는 그 제안에 긍정적인 반응을 보였다.

08 43 I **detached** the creepy insect from my arm.
나는 기어다니는 벌레를 팔에서 떼어냈다.

08 44 The museum receives money for the **entry** fee.
그 박물관은 입장 비용으로 돈을 받는다.

08 45 The customs officer checked the **luggage**.
세관원이 여행 짐을 검사했다.

08 46 He is a **Spanish** man from Spain.
그는 스페인에서 온 스페인의 남자다.

08 47 She measured the amount of flour on a **scale**.
그녀는 밀가루의 양을 저울로 측정했다.

08 48 I am so sleepy that my **eyelids** are really heavy.
나는 너무 졸려서 눈꺼풀이 정말 무겁다.

08 49 He overcame the **tough** time of unemployment.
그는 실직의 힘든 시간을 극복했다.

08 50 She covered the table with a white **cloth**.
그녀는 하얀 천으로 탁자를 덮었다.

☐ 가져오다	☐ 성냥	☐ 불붙이다	☐ 장작	☐ 긍정적인	☐ 반응
☐ 제안	☐ 떼어내다	☐ 기어다니는	☐ 벌레	☐ 박물관	☐ 받다
☐ 입장	☐ 요금	☐ 세관	☐ 공무원	☐ 수화물	☐ 스페인의
☐ 스페인	☐ 측정하다	☐ 양	☐ 밀가루	☐ 저울	☐ 졸리운
☐ 눈꺼풀	☐ 무거운	☐ 극복하다	☐ 힘든	☐ 실직	☐ 천

08 51 Some bad **gossip** about her is going around.
썸 밷 가:쉽 어바웃 허r 이즈 고잉 어롸운드.

08 52 Some schools use the same **textbook**.
썸 스쿨즈 유즈 더 쎄임 텍스트붘.

08 53 Her rejection **hurt** his heart.
허r 뤼젝션 허:r트 히즈 하r트.

08 54 Jiho is a close friend and a **rival** of Minsu.
지호 이즈 어 클로우스 프뤤드 앤 어 롸이블 어브 민수.

08 55 They had a heated **discussion** until dawn.
데이 햏 어 히릳 디스커션 언틸 돈:.

08 56 His victory was the **surprising** news.
히즈 빅토뤼 워즈 더 써r프라이징 뉴쓰.

08 57 The teacher explained the **guidelines** for camping.
더 티:처r 익쓰플레인(드) 더 가이들라인즈 포r 캠핑.

08 58 He bought a **cooker** to keep rice warm.
히 밭 어 쿠커r 투 큎 롸이쓰 웜.

08 59 She wore Hanbok, a traditional **costume**.
쉬 우워r 한복, 어 추뤠디셔늘 카스튬:.

08 60 The price of the product **includes** tax.
더 프롸이쓰 어브 더 프러덕트 인클루:즈 택쓰.

gossip	go around	some	use	same	textbook
rejection	hurt	heart	close	rival	heated
discussion	until	dawn	victory	surprising	explain
guideline	buy	cooker	keep	rice	warm
traditional	costume	price	product	include	tax

08 51
Some bad **gossip** about her is going around.
그녀에 대한 나쁜 소문이 돌고 있다.

08 52
Some schools use the same **textbook**.
몇몇 학교가 같은 교과서를 사용한다.

08 53
Her rejection **hurt** his heart.
그녀의 거절은 그의 마음을 다쳤다.

08 54
Jiho is a close friend and a **rival** of Minsu.
지호는 민수의 친한 친구이자 경쟁자다.

08 55
They had a heated **discussion** until dawn.
그들은 새벽까지 열띤 토론을 했다.

08 56
His victory was the **surprising** news.
그의 우승은 놀라운 소식이었다.

08 57
The teacher explained the **guidelines** for camping.
선생님이 캠핑의 지침을 설명했다.

08 58
He bought a **cooker** to keep rice warm.
그는 밥을 따뜻하게 유지하는 요리도구를 샀다.

08 59
She wore Hanbok, a traditional **costume**.
그녀는 전통의 의상인 한복을 입었다.

08 60
The price of the product **includes** tax.
제품의 가격은 세금을 포함한다.

소문	돌아 다니다	몇몇의	사용하다	같은	교과서
거절	다치게 하다	마음	친한	경쟁자	열띤
토론	~할 때까지	새벽	승리	놀라운	설명하다
지침	사다	요리도구	유지하다	밥	따뜻한
전통의	의상	가격	제품	포함하다	세금

044 day

Step 1 　발음편

0861 Luffy started sailing to **treasure** island.
루피 스타r틴 쎄일링 투 추뤠줘r 아일랜드.

0862 Kim is a **common** surname in Korea.
킴 이즈 어 카먼 써r네임 인 코뤼아.

0863 Don't stack things around the **doorway**.
도운(트) 스택 띵즈 어롸운(드) 더 도:어r웨이.

0864 Superman can be a **hero's** origin.
수퍼r맨 캔 비 어 히로우즈 오뤼쥔.

0865 He saved his salary before he **spent** it.
히 쎄이브드 히즈 쌜러뤼 비포r어 히 스펜트 잍.

0866 I can't **fancy** him as a president.
아이 캔(트) 팬씨 힘 애즈 어 프뤠지든트.

0867 She **imitated** a picture of a famous painter.
쉬 이미테이틷 어 픽처r 어브 어 페이머쓰 페인터r.

0868 This train goes **directly** to Busan Station.
디쓰 추뤠인 고우즈 디렉들리 투 부산 스테이션.

0869 He wants to meet a celebrity **badly**.
히 원츠 투 밑 어 썰레브뤼티 배들리.

0870 The candidate persuaded her to **vote**.
더 캔디딭 퍼r쑤웨이딛 허r 투 보웉.

start	sail	treasure	island	common	surname
stack	thing	doorway	can be	hero	origin
save	salary	spend	fancy	as ~	president
imitate	picture	famous	painter	directly	station
want to~	celebrity	badly	candidate	persuade	vote

08 61 Luffy started sailing to **treasure** island.
루피는 보물섬으로 항해를 시작했다.

08 62 Kim is a **common** surname in Korea.
김은 한국에서 흔한 성씨다.

08 63 Don't stack things around the **doorway**.
출입구 주위에 물건을 쌓아두지 마라.

08 64 Superman can be a **hero's** origin.
슈퍼맨은 영웅의 원조라고 할 수 있다.

08 65 He saved his salary before he **spent** it.
그는 월급을 소비하기 전에 먼저 저축했다.

08 66 I can't **fancy** him as a president.
나는 그가 대통령이라고 상상할 수가 없다.

08 67 She **imitated** a picture of a famous painter.
그녀는 유명한 화가의 그림을 모방했다.

08 68 This train goes **directly** to Busan Station.
이 기차는 곧장 부산역으로 간다.

08 69 He wants to meet a celebrity **badly**.
그는 심하게 유명인을 만나고 싶어 한다.

08 70 The candidate persuaded her to **vote**.
후보자가 그녀에게 투표하라고 설득했다.

시작하다	항해하다	보물	섬	흔한	성
쌓다	물건	출입구	~가 될 수 있다	영웅	원조
저축하다	월급	소비하다	상상하다	~로서	대통령
모방하다	그림	유명한	화가	곧장	역
~하고 싶다	유명인	심하게	후보자	설득하다	투표하다

044
day

Step **2** 발음편

08
71
This town needs the construction of a **highway**.
디쓰 타운 니즈 더 컨스추뤽션 어브 어 하이웨이.

08
72
This microscope magnifies the **object** 10 times.
디쓰 마이크러스코웊 매그니파이즈 디 아브줵트 텐 타임즈.

08
73
This drug has little **effect** on cancer.
디쓰 주뤅 해즈 리를 이펙트 온 캔써r.

08
74
The basic bus **fare** for adults is 1,500 won.
더 베이씩 버쓰 페어r 포r 어덜츠 이즈 원 따우전 파이브 헌드뤰 원.

08
75
The purpose of learning English is for **conversation**.
더 퍼r퍼즈 어브 러닝 잉글리쉬 이즈 포r 컨버r쎄이션.

08
76
Whenever you have a question, call me.
웬에버r 유 해브 어 쿠에스천, 콜 미.

08
77
He **counseled** the professor about the career.
히 카운쓸(드) 더 프러페써r 어바웉 더 커뤼어r.

08
78
This morning the prisoners escaped from the **jail**.
디쓰 모r닝 더 프뤼즈너r즈 이스케잎트 프뤔 더 줴일.

08
79
She turned off the TV to **focus** on studying.
쉬 턴드 어프 더 티븨 투 포우커스 온 스터딩.

08
80
A strong man bent a **bar** of iron.
어 스추롱 맨 벤트 어 바:r 어브 아이언.

town	construction	highway	microscope	magnify	object
ten times	drug	little	effect	cancer	basic
fare	adult	purpose	conversation	whenever	question
counsel	professor	career	prisoner	escape	jail
turn off	focus	strong	bend	bar	iron

08 71 This town needs the construction of a **highway**.
이 마을은 고속도로의 건설이 필요하다.

08 72 This microscope magnifies the **object** 10 times.
이 현미경은 물체를 10배 확대한다.

08 73 This drug has little **effect** on cancer.
이 약은 암에는 거의 효과가 없다.

08 74 The basic bus **fare** for adults is 1,500 won.
성인의 기본 버스 요금은 1,500원이다.

08 75 The purpose of learning English is for **conversation**.
영어를 배우는 목적은 회화다.

08 76 **Whenever** you have a question, call me.
질문이 있으면 언제나 나한테 전화해라.

08 77 He **counseled** the professor about the career.
그는 진로에 대해서 교수와 상담했다.

08 78 This morning the prisoners escaped from the **jail**.
오늘 아침 죄수들이 감옥으로부터 도망갔다.

08 79 She turned off the TV to **focus** on studying.
그녀는 공부에 집중하려고 TV를 껐다.

08 80 A strong man bent a **bar** of iron.
힘센 남자가 쇠로 된 막대기를 구부렸다.

마을	건설	고속도로	현미경	확대하다	물체
10배	약	거의 없는	효과	암	기본의
요금	성인	목적	회화	~할 때는 언제나	질문
상담하다	교수	진로	죄수	도망가다	감옥
~을 끄다	집중하다	힘센	구부리다	막대기	쇠

045 day

08 81 The explosion left the house in complete **rubble**.
디 익쓰플로줜 레프(트) 더 하우쓰 인 컴플맅 뤄블.

08 82 Pikachu uses **electricity** as a weapon.
피카추 유지즈 일렉추뤼씨디 애즈 어 웨뻔.

08 83 Water came out of a **crack** of the dam.
워러r 케임 아웉 어브 어 크렉 어브 더 댐.

08 84 He stepped on the car's **brake** suddenly.
히 스텦트 온 더 카r즈 브뤠익 써든리.

08 85 You'll get better soon if you take this **drug**.
유일 겥 베러r 쑨 이프 유 테일 디쓰 주뤅.

08 86 The passengers waited for the **arrival** of the plane.
더 패씬줘r즈 웨이틷 포r 더 어롸이블 어브 더 플레인.

08 87 The **judge** sentenced the criminal to death.
더 줘쥐 쎈텐스(트) 더 크뤼미늘 투 데쓰.

08 88 The truck started **skidding** downhill.
더 추뤅 스타r틷 스키딩 다운힐.

08 89 I heard the announcement through a **loudspeaker**.
아이 허r(드) 디 어나운쓰멘(트) 쓰루 어 라우드스피커r.

08 90 The **photographer** took pictures for the magazine.
더 퍼타:그뤠퍼r 툭 픽춰r즈 포r 더 메거진.

explosion	complete	rubble	electricity	weapon	come out of
crack	dam	step	brake	suddenly	get better
soon	drug	passenger	wait for	arrival	plane
judge	sentence	criminal	death	skid	downhill
announcement	through	loudspeaker	photographer	take a picture	magazine

읽기와 독해 실전 훈련 의미편

08 81 The explosion left the house in complete **rubble**.
폭발은 집을 완전한 폐허로 만들었다.

08 82 Pikachu uses **electricity** as a weapon.
피카츄는 전기를 무기로 사용한다.

08 83 Water came out of a **crack** of the dam.
물이 댐의 갈라진 틈에서 흘러나왔다.

08 84 He stepped on the car's **brake** suddenly.
그는 갑자기 자동차의 제동장치를 밟았다.

08 85 You'll get better soon if you take this **drug**.
이 약을 먹으면 금방 좋아질 것이다.

08 86 The passengers waited for the **arrival** of the plane.
승객들은 비행기의 도착을 기다렸다.

08 87 The **judge** sentenced the criminal to death.
판사가 범인에게 사형을 선고했다.

08 88 The truck started **skidding** downhill.
트럭이 내리막길에서 미끄러지기 시작했다.

08 89 I heard the announcement through a **loudspeaker**.
나는 확성기로 발표를 들었다.

08 90 The **photographer** took pictures for the magazine.
사진사가 잡지 사진을 찍었다.

☐ 폭발	☐ 완전한	☐ 돌무더기	☐ 전기	☐ 무기	☐ ~에서 나오다
☐ 갈라진 틈	☐ 댐	☐ 밟다	☐ 제동장치	☐ 갑자기	☐ 좋아지다
☐ 곧	☐ 약	☐ 승객	☐ ~을 기다리다	☐ 도착	☐ 비행기
☐ 판사	☐ 선고하다	☐ 범인	☐ 죽음	☐ 미끄러지다	☐ 내리막길
☐ 발표	☐ 통해서	☐ 확성기	☐ 사진사	☐ 사진을 찍다	☐ 잡지

08 91
He was **excited** about the entrance test results.
히 워즈 익싸이틴 어바울 디 엔추뤤쓰 테스트 뤼절츠.

08 92
She felt severe pain during **childbirth**.
쉬 펠트 씨비어r 페인 주륑 촤일드버:r쓰.

08 93
I had a **nightmare** in which a ghost appeared.
아이 햄 어 나일메어r 인 윌취 어 고우스트 어피어r드.

08 94
He envied the youth's **strength**.
히 엔비(드) 더 유쓰 스추뤵쓰.

08 95
When the gas meets the **flame**, it explodes.
웬 더 개쓰 미츠 더 플레임, 잍 익쓰플로우즈.

08 96
The destination of this **voyage** is Jeju Island.
더 데스터네이션 어브 디쓰 보:이쥐 이즈 줴주 아일랜드.

08 97
She got on the wrong bus by **mistake**.
쉬 같 온 더 롱 버쓰 바이 미스테잌.

08 98
A human being feels much **pressure** under water.
어 휴먼 비잉 필즈 머취 프뤠셔r 언더r 워러r.

08 99
The informant refused to **reveal** the name.
디 인포r먼트 뤼퓨즈(드) 투 뤼빌: 더 네임.

09 00
The water from the **fountain** soared high in the sky.
더 워러r 프뤔 더 파운튼 쏘:어드 하이 인 더 스까이.

excited	entrance	result	severe	pain	during
childbirth	nightmare	ghost	appear	envy	youth
strength	flame	explode	destination	voyage	island
get on	wrong	by mistake	human being	pressure	under water
informant	refuse	reveal	fountain	soar	sky

08 91 He was **excited** about the entrance test results.
그는 입학시험 결과에 흥분했다.

08 92 She felt severe pain during **childbirth**.
그녀는 출산중 극심한 고통을 느꼈다.

08 93 I had a **nightmare** in which a ghost appeared.
나는 유령이 나타나는 악몽을 꿨다.

08 94 He envied the youth's **strength**.
그는 청년의 힘을 부러워했다.

08 95 When the gas meets the **flame**, it explodes.
가스가 불꽃과 만나면 폭발한다.

08 96 The destination of this **voyage** is Jeju Island.
이번 항해의 목적지는 제주도다.

08 97 She got on the wrong bus by **mistake**.
그녀는 실수로 잘못된 버스를 탔다.

08 98 A human being feels much **pressure** under water.
사람은 물속에서 큰 압력을 느낀다.

08 99 The informant refused to **reveal** the name.
제보자는 이름을 드러내는 걸 거절했다.

09 00 The water from the **fountain** soared high in the sky.
분수로부터 물이 하늘 높이 솟구쳤다.

☐ 흥분한	☐ 입학	☐ 결과	☐ 극심한	☐ 고통	☐ 동안
☐ 출산	☐ 악몽	☐ 유령	☐ 나타나다	☐ 부러워하다	☐ 청년
☐ 힘	☐ 불꽃	☐ 폭발하다	☐ 목적지	☐ 항해	☐ 섬
☐ 타다	☐ 잘못된	☐ 실수로	☐ 사람	☐ 압력	☐ 물속에서
☐ 제보자	☐ 거절하다	☐ 드러내다	☐ 분수	☐ 솟구치다	☐ 하늘

046 day

Step 1   발음편

09 01 I think music is a **universal** language.
아이 띵크 뮤직 이즈 어 유:니버r쓸 랭귀쥐.

09 02 He can't pee because of a **kidney** problem.
히 캔(트) 피 비코:즈 어브 어 키드니 프<u>라</u>블럼.

09 03 She saw a queer animal during the **journey**.
쉬 쏘 어 쿠위어r 애니멀 주륑 더 줘:r니.

09 04 He kept **chatting** with his neighbor during class.
히 캡트 <u>췌</u>링 위드 히즈 네이버r 주륑 클래쓰.

09 05 The children are playing around **upstairs**.
더 췰드뤈 아r 플레잉 어롸운드 <u>엎</u>스테어r즈.

09 06 We made a **instant** attack on the terrorists.
위 메이드 어 인스턴트 어택 온 더 테뤄<u>뤼</u>스츠.

09 07 Soldiers were equipped with **arms** like rifles.
쏘울줘r쓰 워r 이쿠잎트 위드 암:즈 라잌 롸이플즈.

09 08 She wants to go to Europe **sometime**.
쉬 원츠 투 고우 투 유로웊 썸타임.

09 09 He bragged about his enormous **wealth**.
히 브뤡드 어바웉 히즈 이노r머쓰 웰쓰.

09 10 She is a career woman with a great deal of **charm**.
쉬 이즈 어 커<u>뤼</u>어r 워먼 위드 어 그뤠잍 디:을 어브 촴:.

music	universal	language	can't	pee	kidney
problem	queer	animal	journey	keep ~ing	chat
neighbor	class	children	upstairs	instant	attack
terrorist	soldier	equip	arms	rifle	sometime
brag	enormous	wealth	career	a great deal of	charm

09 01 I think music is a **universal** language.
나는 음악은 세계적인 언어로 생각한다.

09 02 He can't pee because of a **kidney** problem.
그는 신장 문제로 오줌을 눌 수 없다.

09 03 She saw a queer animal during the **journey**.
그녀는 여행중에 기묘한 동물을 봤다.

09 04 He kept **chatting** with his neighbor during class.
그는 수업 중에 옆 사람과 계속 잡담했다.

09 05 The children are playing around **upstairs**.
아이들이 위층에서 뛰어놀고 있다.

09 06 We made a **instant** attack on the terrorists.
우리는 테러범에 즉각적인 공격을 했다.

09 07 Soldiers were equipped with **arms** like rifles.
군인들은 소총과 같은 무기를 갖췄다.

09 08 She wants to go to Europe **sometime**.
그녀는 언젠가 유럽에 가보기 원한다.

09 09 He bragged about his enormous **wealth**.
그는 자신의 막대한 재산을 자랑했다.

09 10 She is a career woman with a great deal of **charm**.
그녀는 매력이 상당히 많은 직장 여성이다.

음악	세계적인	언어	할 수 없다	오줌을 누다	신장
문제	기묘한	동물	여행	계속 ~하다	잡담하다
이웃	수업	아이들	위층에서	즉각적인	공격
테러범	군인	장비를 갖추다	무기	소총	언젠가
자랑하다	막대한	재산	직장	많은	매력

09 11 She is 2 years younger **than** her brother.
쉬 이즈 투 이어r즈 영거r 댄 허r 브롸더r.

09 12 I **bumped** into a stranger on the street.
아이 범트 인투 어 스추뤠인줘r 온 더 스추륄.

09 13 The bat was hanging **upside-down** from the ceiling.
더 배트 워즈 행잉 엎싸인-다운 프뤔 더 씨일링.

09 14 She hid treasures **somewhere**.
쉬 힌 추뤠줘r즈 썸웨어r.

09 15 He is a businessman with plenty of **wit** and humor.
히 이즈 어 비즈니스맨 위드 플렌티 어브 위트 앤 휴머r.

09 16 I made a lot of money through painstaking **effort**.
아이 메이드 어 랕 어브 머니 쓰로 페인스테이킹 에퍼r트.

09 17 Bamboo is **hollow** but strong.
뱀부 이즈 할로우 벋 스추롱.

09 18 The snowman left **footsteps** on the snow.
더 스노우맨 레프트 풋스텦쓰 온 더 스노우.

09 19 **Frankly** speaking, I hate you.
프뤵클리 스삐킹, 아이 헤잍 유.

09 20 **Birth** and death are the laws of nature.
버:r쓰 앤(드) 데쓰 아r 더 로:즈 어브 네이춰r.

younger than	bump into	stranger	street	bat	hang
upside-down	ceiling	hide	treasure	somewhere	businessman
plenty of	wit	humor	a lot of	through	painstaking
effort	bamboo	hollow	snowman	footstep	frankly
speak	hate	birth	death	law	nature

09 11 She is 2 years younger **than** her brother.
그녀는 그녀 오빠보다 2살 어리다.

09 12 I **bumped** into a stranger on the street.
나는 길에서 낯선 사람과 부딪혔다.

09 13 The bat was hanging **upside-down** from the ceiling.
박쥐가 천장에 거꾸로 매달려 있다.

09 14 She hid treasures **somewhere**.
그녀는 어딘가에 보물을 숨겼다.

09 15 He is a businessman with plenty of **wit** and humor.
그는 재치와 유머가 풍부한 회사원이다.

09 16 I made a lot of money through painstaking **effort**.
나는 애쓴 노력으로 많은 돈을 벌었다.

09 17 Bamboo is **hollow** but strong.
대나무는 속이 비었지만 튼튼하다.

09 18 The snowman left **footsteps** on the snow.
설인이 눈 위에 발자국을 남겼다.

09 19 **Frankly** speaking, I hate you.
솔직히 말해서 나는 너를 싫어한다.

09 20 **Birth** and death are the laws of nature.
출생과 죽음은 자연의 법칙이다.

☐ ~보다 더 어린	☐ ~와 부딪히다	☐ 낯선 사람	☐ 길	☐ 박쥐	☐ 매달리다
☐ 거꾸로	☐ 천장	☐ 숨기다	☐ 보물	☐ 어딘가	☐ 회사원
☐ 많은	☐ 재치	☐ 유머	☐ 많은	☐ 통해서	☐ 애쓴
☐ 노력	☐ 대나무	☐ 속이 빈	☐ 눈사람	☐ 발자국	☐ 솔직히
☐ 말하다	☐ 싫어하다	☐ 출생	☐ 죽음	☐ 법칙	☐ 자연

**09
21** After a wedding, a honeymoon is a common **custom**.
애프터r 어 웨딩, 어 허니문 이즈 어 커먼 커스틈.

**09
22** Minsu is fluent in English **grammar**.
민수 이즈 플루언트 인 잉글리쉬 그뤠머r.

**09
23** He became a **freshman** in university this year.
히 비케임 어 프뤠쉬맨 인 유니버r써디 디쓰 이어r.

**09
24** The **structure** of the building is a triangle.
더 스추뤅춰r 어브 더 빌딩 이즈 어 추롸이앵글.

**09
25** He **shrugged** his shoulders at embarrassing questions.
히 슈뤅드 히즈 쇼울더r즈 앹 엠배뤄씽 쿠에스춴즈.

**09
26** Is the suspect innocent or **guilty**?
이즈 더 써스펙트 이노쎈트 오어r 길티?

**09
27** I was **engaged** in medical research.
아이 워즈 인게이쥐드 인 메디클 뤼써r춰.

**09
28** Sheep and lambs are **grazing** on the fields.
쉽 앤(드) 램즈 아r 그뤠이징 온 더 필즈.

**09
29** A dog is a **tame** animal.
어 도그 이즈 어 테임 애니멀.

**09
30** She keeps the books she read on the **shelf**.
쉬 킾쓰 더 붘쓰 쉬 뤠드 온 더 쉘프.

wedding	honeymoon	common	custom	fluent	grammar
become	freshman	university	structure	building	triangle
shrug	shoulder	embarrassing	question	suspect	innocent
guilty	engage in	medical	research	sheep	lamb
graze	field	tame	animal	keep	shelf

09 21 After a wedding, a honeymoon is a common **custom**.
결혼식 후 신혼여행은 보통의 관습이다.

09 22 Minsu is fluent in English **grammar**.
민수는 영어 문법에 능숙하다.

09 23 He became a **freshman** in university this year.
그는 올해 대학교 신입생이 되었다.

09 24 The **structure** of the building is a triangle.
그 빌딩의 구조는 삼각형이다.

09 25 He **shrugged** his shoulders at embarrassing questions.
그는 난처한 질문에 어깨를 으쓱했다.

09 26 Is the suspect innocent or **guilty**?
용의자는 무죄일까요? 아니면 유죄일까요?

09 27 I was **engaged** in medical research.
난 의학 연구에 종사하고 있었다.

09 28 Sheep and lambs are **grazing** on the fields.
양과 새끼 양이 들판에서 풀을 뜯고 있다.

09 29 A dog is a **tame** animal.
개는 인간에게 길들여진 동물이다.

09 30 She keeps the books she read on the **shelf**.
그녀는 읽은 책은 선반에 보관한다.

☐ 결혼식	☐ 신혼여행	☐ 보통의	☐ 관습	☐ 능숙한	☐ 문법
☐ 되다	☐ 신입생	☐ 대학교	☐ 구조	☐ 건물	☐ 삼각형
☐ 으쓱하다	☐ 어깨	☐ 난처한	☐ 질문	☐ 용의자	☐ 무죄의
☐ 유죄의	☐ ~에 종사시키다	☐ 의학의	☐ 연구	☐ 양	☐ 새끼 양
☐ 풀을 뜯다	☐ 들판	☐ 길들여진	☐ 동물	☐ 보관하다	☐ 선반

09 31 The criminal was forced to confess the **truth**.
더 크뤼미늘 워즈 포r쓰(트) 투 컨페쓰 더 추루:쓰.

09 32 He bought new **furniture** while moving.
히 밭 뉴 퍼:r니춰r 와일 무빙.

09 33 The police officer pointed the **gun** at the criminal.
더 펄:리쓰 아피써r 포인틷 더 건 앹 더 크뤼미늘.

09 34 The scientist subscribes to the international **journal**.
더 싸이언티스트 썹스크롸이브즈 투 디 인터r내셔늘 줘:r늘.

09 35 The passerby witnessed a **traffic** accident yesterday.
더 패써r바이 윝네쓰트 어 추뤠픽 액씨든트 예스터r데이.

09 36 I screamed in **terror** when the power suddenly went off.
아이 스크륌드 인 테뤄r 웬 더 파워r 써든리 웬트 어프.

09 37 The husband **repaid** his wife's sacrifice.
더 허즈밴드 뤼:페이드 히즈 와이프즈 쎄크뤼파이쓰.

09 38 There are many **newscasts** on the radio.
데어r 아r 메니 뉴쓰캐스츠 온 더 뤠이디오.

09 39 He sprayed water on the **lawn** in the backyard.
히 스프뤠이드 워러r 온 더 론: 인 더 백야r드.

09 40 My uncle is my only **relative**.
마이 엉클 이즈 마이 온리 뤨러티브.

criminal	force	confess	truth	furniture	while
police officer	point	gun	scientist	subscribe	international
journal	passerby	witness	traffic	accident	scream
terror	power	suddenly	go off	husband	repay
sacrifice	newscast	spray	lawn	backyard	relative

09 31 The criminal was forced to confess the **truth**.
범인은 진실을 자백하도록 강요받았다.

09 32 He bought new **furniture** while moving.
그는 이사하는 동안 새 가구를 장만했다.

09 33 The police officer pointed the **gun** at the criminal.
경찰관은 총을 범인에게 겨누었다.

09 34 The scientist subscribes to the international **journal**.
그 과학자는 국제 학술지를 구독한다.

09 35 The passerby witnessed a **traffic** accident yesterday.
행인이 어제 교통사고를 목격했다.

09 36 I screamed in **terror** when the power suddenly went off.
갑자기 정전되서 난 공포로 소리쳤다.

09 37 The husband **repaid** his wife's sacrifice.
남편이 아내의 희생에 보답했다.

09 38 There are many **newscasts** on the radio.
라디오에는 많은 뉴스 방송이 있다.

09 39 He sprayed water on the **lawn** in the backyard.
그는 뒷마당의 잔디에 물을 뿌렸다.

09 40 My uncle is my only **relative**.
삼촌은 나의 유일한 친척이다.

☐ 범인	☐ 강요하다	☐ 자백하다	☐ 진실	☐ 가구	☐ ~하는 동안
☐ 경찰관	☐ 겨누다	☐ 총	☐ 과학자	☐ 구독하다	☐ 국제적인
☐ 학술지	☐ 행인	☐ 목격자	☐ 교통	☐ 사고	☐ 소리치다
☐ 공포	☐ 전기	☐ 갑자기	☐ 나가다	☐ 남편	☐ 보답하다
☐ 희생	☐ 뉴스 방송	☐ 뿌리다	☐ 잔디	☐ 뒷마당	☐ 친척

048 day

Step 1   **발음편**

**09
41** The **couple** has invested money in stocks.
더 커플 해즈 인베스틷 머니 인 스탁쓰.

**09
42** The movie is **fantastic** from beginning to end.
더 무비 이즈 팬태스틱 프뤔 비기닝 투 엔드.

**09
43** The **dormitory** of the school is cheap and safe.
더 도:r미터뤼 어브 더 스쿨 이즈 췹 앤(드) 쎄이프.

**09
44** I worked **part time** at a convenience store.
아이 웍r트 파r(트) 타임 앹 어 컨비니언스 스토어r.

**09
45** Her room is always **neat** and clean.
허r 루:움 이즈 올에이즈 니:트 앤(드) 클린.

**09
46** I spent a wonderful time with her **tonight**.
아이 스펜트 어 원더r플 타임 위드 허r 투나잍.

**09
47** His personality **resembles** his parents.
히즈 퍼r써낼러디 뤼젬블즈 히즈 페어뤈츠.

**09
48** Cigarette smoke is **harmful** to patients.
씨거뤹 스모우크 이즈 함:플 투 페이션츠.

**09
49** We worked to meet the daily **output**.
위 웍r(트) 투 밑 더 데일리 아웉풀.

**09
50** The **royal** family has just gathered at the palace.
더 로열 페믈리 해즈 줘스트 개더r드 앹 더 팰러쓰.

couple	invest	stock	fantastic	beginning	end
dormitory	cheap	safe	work	part time	convenience
always	neat	clean	spend	tonight	personality
resemble	parents	cigarette	smoke	harmful	patient
meet	daily	output	royal	gather	palace

09 41 The **couple** has invested money in stocks.
그 부부는 주식에 돈을 투자했다.

09 42 The movie is **fantastic** from beginning to end.
그 영화는 처음부터 끝까지 환상적이다.

09 43 The **dormitory** of the school is cheap and safe.
학교의 기숙사는 싸고 안전하다.

09 44 I worked **part time** at a convenience store.
나는 시간제근무로 편의점에서 일했다.

09 45 Her room is always **neat** and clean.
그녀의 방은 언제나 정돈되고 깨끗하다.

09 46 I spent a wonderful time with her **tonight**.
나는 오늘밤 그녀와 멋진 시간을 보냈다.

09 47 His personality **resembles** his parents.
그의 성격은 부모님을 닮았다.

09 48 Cigarette smoke is **harmful** to patients.
담배 연기는 환자들에게 해롭다.

09 49 We worked to meet the daily **output**.
우리는 일일 생산량을 맞추려고 일했다.

09 50 The **royal** family has just gathered at the palace.
국왕의 가족들이 방금 궁전에 모였다.

☐ 부부	☐ 투자하다	☐ 주식	☐ 환상적인	☐ 처음	☐ 끝
☐ 기숙사	☐ 싼	☐ 안전한	☐ 일하다	☐ 시간제근무	☐ 편의
☐ 항상	☐ 정돈된	☐ 깨끗한	☐ 보내다	☐ 오늘밤	☐ 성격
☐ 닮다	☐ 부모님	☐ 담배	☐ 연기	☐ 해로운	☐ 환자
☐ 맞추다	☐ 매일의	☐ 생산량	☐ 국왕의	☐ 모이다	☐ 궁전

**09
51** At **least** five people died in this earthquake.
앨 리:스트 파이브 피쁠 다이드 인 디쓰 어r쓰퀘익.

**09
52** In winter, my lips and **tongue** are dry.
인 윈터r, 마이 맆쓰 앤(드) 텅 아r 주롸이.

**09
53** **Instead** of me, Minsu answered the phone.
인스테드 어브 미, 민수 앤써r(드) 더 포운.

**09
54** He has not heard the weather **forecast** for today.
히 해즈 낱 허r(드) 더 웨더r 포:r캐스트 포r 투데이.

**09
55** The witness **vowed** to tell the truth.
더 윝네쓰 바우(드) 투 텔 더 추루쓰.

**09
56** The **merchant** sold the magic lamp to the magician.
더 머:r춴트 쏘울(드) 더 매쥑 램프 투 더 머쥐션.

**09
57** The dog is **licking** the bone with his tongue.
더 도그 이즈 리킹 더 보운 위드 히즈 텅.

**09
58** The archer aimed the arrow at the **target**.
디 아r춰r 에임(드) 디 애로우 앹 더 타:r겥.

**09
59** Two cars **clashed** at the intersection.
투 카r즈 클래쉬트 앹 디 인터r쎅션.

**09
60** She **swallowed** the medicine without hesitation.
쉬 스왈로우(드) 더 메디쓴 위다웃 헤지테이션.

at least	die	earthquake	winter	lip	tongue
dry	instead of	answer	weather	forecast	witness
vow	truth	merchant	sell	magic	magician
lick	bone	archer	aim	arrow	target
clash	intersection	swallow	medicine	without	hesitation

09 51 At **least** five people died in this earthquake.
이번 지진으로 최소한 5명이 죽었다.

09 52 In winter, my lips and **tongue** are dry.
겨울이 되니 내 입술과 혀가 건조하다.

09 53 **Instead** of me, Minsu answered the phone.
나 대신에 민수가 전화를 받았다.

09 54 He has not heard the weather **forecast** for today.
그는 오늘 날씨 예보를 못 들었다.

09 55 The witness **vowed** to tell the truth.
증인은 진실만을 말하기로 맹세했다.

09 56 The **merchant** sold the magic lamp to the magician.
상인이 요술램프를 마술사에게 팔았다.

09 57 The dog is **licking** the bone with his tongue.
개가 혀로 뼈를 핥고 있다.

09 58 The archer aimed the arrow at the **target**.
궁수는 화살을 과녁에 겨냥했다.

09 59 Two cars **clashed** at the intersection.
교차로에서 두 자동차가 충돌했다.

09 60 She **swallowed** the medicine without hesitation.
그녀는 망설이지 않고 약을 삼켰다.

☐ 최소한	☐ 죽다	☐ 지진	☐ 겨울	☐ 입술	☐ 혀
☐ 건조한	☐ ~대신에	☐ 대답하다	☐ 날씨	☐ 예보	☐ 목격자
☐ 맹세하다	☐ 진실	☐ 상인	☐ 팔다	☐ 요술	☐ 마술사
☐ 핥다	☐ 뼈	☐ 궁수	☐ 겨냥하다	☐ 화살	☐ 과녁
☐ 충돌하다	☐ 교차로	☐ 삼키다	☐ 약	☐ ~없이	☐ 망설임

0961 He accepted my **suggestion**.
히 액쎕틷 마이 써줴스춴.

0962 He dived **below** the surface of the water.
히 다이브(드) 빌로우 더 써r피쓰 어브 더 워러r.

0963 The company's **goal** is to export products abroad.
더 컴뻐니즈 고울 이즈 투 엑쓰퍼r트 프롸덕츠 어브롸:드.

0964 I slept on the **couch** after arguing with my wife.
아이 슬렙트 온 더 카우취 애프터r 아r규잉 위드 마이 와이프.

0965 She will **retire** from the company next year.
쉬 윌 뤼타이어r 프뤔 더 컴뻐니 넥스트 이어r.

0966 The rides in the amusement park **astonished** me.
더 롸이즈 인 디 어뮤즈멘트 파r크 애스타니쉳 미.

0967 He is an **American** man from the United States.
히 이즈 언 어메뤼컨 맨 프뤔 더 유나이릳 스테이츠.

0968 The birth **rate** of newborn babies decreased greatly.
더 버r쓰 뤠잍 어브 뉴본 베이비즈 디크뤼스트 그뤠잍리.

0969 A big **booth** was set up for the exhibition.
어 빅 부:쓰 워즈 셉 엎 포r 디 엑서비션.

0970 This **sentence** contains lower case and upper case.
디쓰 쎈텐쓰 컨테인즈 로우워r 케이쓰 앤(드) 어퍼r 케이쓰.

accept	suggestion	dive	below	surface	goal
export	product	abroad	couch	argue	retire
next year	ride	amusement	park	astonish	American
United States	rate	newborn	decrease	greatly	booth
set up	exhibition	sentence	contain	lower case	upper case

09 61 He accepted my **suggestion**.
그는 나의 제안을 받아들였다.

09 62 He dived **below** the surface of the water.
그가 물의 표면 아래로 잠수했다.

09 63 The company's **goal** is to export products abroad.
그 회사의 목표는 해외로 제품을 수출하는 것이다.

09 64 I slept on the **couch** after arguing with my wife.
나는 아내와 다툰 후 긴 의자에서 잤다.

09 65 She will **retire** from the company next year.
그녀는 내년에 회사를 은퇴할 것이다.

09 66 The rides in the amusement park **astonished** me.
놀이공원의 놀이기구는 나를 놀라게 한다.

09 67 He is an **American** man from the United States.
그는 미국에서 온 미국의 남자다.

09 68 The birth **rate** of newborn babies decreased greatly.
신생아들의 출생 비율이 대단히 감소했다.

09 69 A big **booth** was set up for the exhibition.
큰 칸막이 공간이 전시회를 위해 설치되었다.

09 70 This **sentence** contains lower case and upper case.
이 문장은 소문자와 대문자를 포함하고 있다.

☐ 받아들이다	☐ 제안	☐ 잠수하다	☐ ~아래에	☐ 표면	☐ 목표
☐ 수출하다	☐ 제품	☐ 해외로	☐ 긴 의자	☐ 다투다	☐ 은퇴하다
☐ 내년	☐ 놀이기구	☐ 오락	☐ 공원	☐ 놀라게 하다	☐ 미국의
☐ 미국	☐ 비율	☐ 갓 태어난	☐ 감소하다	☐ 대단히	☐ 칸막이 공간
☐ 설치하다	☐ 전시회	☐ 문장	☐ 포함하다	☐ 소문자	☐ 대문자

09 71 Put a **dime** in the vending machine and press the button.
풑 어 다임 인 더 벤딩 머쉰 앤(드) 프뤠스 더 벝은.

09 72 His opinion is **somewhat** different from mine.
히즈 어피니언 이즈 썸왙 디퍼뤈트 프뤔 마인.

09 73 The zoo shut down early to **protect** the animal.
더 주 셭 다운 어얼r리 투 프러텍(트) 디 애니멀.

09 74 She answered the question without great **difficulty**.
쉬 앤써r(드) 더 쿠에스쳔 위다웆 그뤠잍 디피컬티.

09 75 I don't **doubt** that he will succeed.
아이 도운(트) 다웉 댙 히 윌 썩씨드.

09 76 My **boss** promised me a raise in salary.
마이 보:쓰 프롸미쓰(트) 미 어 뤠이즈 인 쎌러뤼.

09 77 The children threw **snowballs** on the playground.
더 췰드뤈 쓰로 스노우볼즈 온 더 플레이그롸운드.

09 78 I was so **cheerful** today that I hummed a song.
아이 워즈 쏘우 취어r플 투데이 댙 아이 험드 어 쏭.

09 79 She **wrapped** the present in pretty paper.
쉬 뤱트 더 프뤠젠트 인 프뤼티 페이퍼r.

09 80 We each celebrate on **November** 11th.
위 이취 쎌러브뤠잍 온 노우벰버r 일레븐쓰.

dime	vend	machine	press	opinion	somewhat
different	mine	shut down	protect	answer	question
without	difficulty	doubt	succeed	promise	raise
salary	snowball	playground	cheerful	hum	song
wrap	present	pretty	each	celebrate	November

09 71 Put a **dime** in the vending machine and press the button.
자동판매기에 10센트를 넣고 누르세요.

09 72 His opinion is **somewhat** different from mine.
그의 의견은 약간 나와 다르다.

09 73 The zoo shut down early to **protect** the animal.
동물원은 동물을 보호하기 위해 일찍 문을 닫는다.

09 74 She answered the question without great **difficulty**.
그녀는 큰 어려움없이 질문에 대답했다.

09 75 I don't **doubt** that he will succeed.
나는 그가 성공할 것을 의심하지 않는다.

09 76 My **boss** promised me a raise in salary.
나의 상사는 월급 인상을 약속했다.

09 77 The children threw **snowballs** on the playground.
아이들이 운동장에서 눈 뭉치를 던졌다.

09 78 I was so **cheerful** today that I hummed a song.
난 오늘 너무 유쾌해서 콧노래를 불렀다.

09 79 She **wrapped** the present in pretty paper.
그녀는 선물을 예쁜 종이로 쌌다.

09 80 We each celebrate on **November** 11th.
우리는 각자 11월 11일을 기념한다.

10센트	판매하다	기계	누르다	의견	약간
다른	나의 것	문을 닫다	보호하다	대답하다	질문
~없이	어려움	의심하다	성공하다	약속하다	인상
월급	눈 뭉치	운동장	유쾌한	콧노래 부르다	노래
싸다	선물	예쁜	각각	기념하다	11월

09 81 I **regularly** volunteered at a nursing home.
아이 <u>뤠</u>귤러r리 발룬티어r드 앹 어 너r씽 호움.

09 82 An ugly caterpillar grows into a **butterfly**.
언 어글리 캐러r필러r 그로우즈 인투 어 버러r플라이.

09 83 She **slipped** on the ice and hurt her arm.
쉬 슬맆트 온 디 아이쓰 앤(드) 허트 허r 암.

09 84 He offered to have an **informal** meeting.
히 어<u>퍼</u>r(드) 투 해브 언 인<u>포</u>:r믈 미링.

09 85 The champion will have a duel with the **challenger**.
더 췌피언 윌 해브 어 듀얼 위드 더 췔린줘r.

09 86 She wore a **hood** in her cloak on her head.
쉬 워r 어 후드 인 허r 클로욱 온 허r 헤드.

09 87 This chemical is used for stain **removal**.
디쓰 케미클 이즈 유즈드 포r 스테인 <u>뤼</u>:무벌.

09 88 I bought medicine for my headache at the **pharmacy**.
아이 밭 메디쓴 포r 마이 헤데잌 앹 더 <u>퍼</u>:r머씨.

09 89 What is a **popular** song nowadays?
왙 이즈 어 파퓰러r 쏭 나우어데이즈?

09 90 He tied up the box with a thick **string**.
히 타이드 엎 더 박쓰 위드 어 띡 스추륑.

regularly	volunteer	nursing home	ugly	caterpillar	grow
butterfly	slip	**hurt**	offer	informal	meeting
champion	duel	challenger	hood	cloak	chemical
stain	removal	**medicine**	headache	pharmacy	**popular**
song	nowadays	tie	box	thick	string

09 81
I **regularly** volunteered at a nursing home.
난 정기적으로 양로원에서 자원봉사한다.

09 82
An ugly caterpillar grows into a **butterfly**.
못생긴 애벌레는 자라서 나비가 된다.

09 83
She **slipped** on the ice and hurt her arm.
그녀는 얼음 위에서 미끄러져서 팔을 다쳤다.

09 84
He offered to have an **informal** meeting.
그는 비공식 모임을 갖자고 제안했다.

09 85
The champion will have a duel with the **challenger**.
챔피언이 도전자와 결투를 벌일 것이다.

09 86
She wore a **hood** in her cloak on her head.
그녀는 망토에 있는 두건을 머리에 썼다.

09 87
This chemical is used for stain **removal**.
이 화학 약품은 얼룩 제거를 위해 사용된다.

09 88
I bought medicine for my headache at the **pharmacy**.
나는 약국에서 두통약을 샀다.

09 89
What is a **popular** song nowadays?
요즈음 인기있는 노래는 무엇인가요?

09 90
He tied up the box with a thick **string**.
그는 상자를 두꺼운 끈으로 묶었다.

정기적으로	자원봉사하다	양로원	못생긴	애벌레	자라다
나비	미끄러지다	다치게하다	제안하다	비공식의	모임
대회 우승자	결투	도전자	두건	망토	화학 약품
얼룩	제거	약	두통	약국	인기있는
노래	요즈음	묶다	상자	두꺼운	끈

0991
I sometimes confused June with **July**.
아이 썸타임즈 컨퓨즈드 준 위드 줄라이.

0992
Animals, including humans, **evolve**.
애니멀즈, 인클루딩 휴먼즈, 이발브.

0993
He **simply** didn't know the answer to the question.
히 씸플리 디른(트) 노우 디 앤써r 투 더 쿠에스쳔.

0994
Never **waken** up a sleeping lion.
네버r 웨이큰 엎 어 슬리핑 라이언.

0995
I will **graduate** from middle school next year.
아이 윌 그뤠주에잍 프뤔 미들 스쿨 넥스트 이어r.

0996
He stole the food because of his **hunger**.
히 스토울 더 푸드 비코:즈 어브 히즈 헝거r.

0997
She **excels** much more than other students.
쉬 엑쎌즈 머취 모어r 댄 아더r 스튜든츠.

0998
The **patriot** received a medal from the country.
더 페이추뤼얼 뤼씨브드 어 메들 프뤔 더 컨추뤼.

0999
The government **controls** the price of products.
더 커번멘트 컨추로울즈 더 프롸이쓰 어브 프롸덕츠.

1000
The queen greeted guests with an **elegant** attitude.
더 쿠윈 그뤼팀 게스츠 위드 언 엘러건(트) 애리튜드.

sometimes	confuse	June	July	include	human
evolve	simply	question	never ~	waken	graduate
middle school	next year	steal	hunger	excel	other
patriot	receive	country	government	control	price
product	queen	greet	guest	elegant	attitude

09 91 I sometimes confused June with **July**.
나는 때때로 6월과 7월을 혼동했다.

09 92 Animals, including humans, **evolve**.
인간을 포함해서 동물은 진화한다.

09 93 He **simply** didn't know the answer to the question.
그는 문제의 답을 정말로 몰랐다.

09 94 Never **waken** up a sleeping lion.
절대로 잠자는 사자를 깨우지 마라.

09 95 I will **graduate** from middle school next year.
나는 내년에 중학교를 졸업할 것이다.

09 96 He stole the food because of his **hunger**.
배고픔 때문에 그는 음식을 훔쳤다.

09 97 She **excels** much more than other students.
그녀는 다른 학생들보다 훨씬 더 뛰어나다.

09 98 The **patriot** received a medal from the country.
그 애국자는 나라로부터 훈장을 받았다.

09 99 The government **controls** the price of products.
정부가 상품의 가격을 통제한다.

10 00 The queen greeted guests with an **elegant** attitude.
왕비는 우아한 자세로 손님을 맞이했다.

때때로	혼동하다	6월	7월	포함하다	인간
진화하다	정말로	문제	절대로 ~하지마라	깨우다	졸업하다
중학교	내년	훔치다	배고픔	뛰어나다	다른
애국자	받다	나라	정부	통제하다	가격
상품	왕비	맞이하다	손님	우아한	자세

표제어 리뷰 테스트

MP3 듣기

01	conductor	21	campaign	41	kindle	61	treasure	81	rubble
02	blond	22	holder	42	positive	62	common	82	electricity
03	solution	23	sheet	43	detach	63	doorway	83	crack
04	risky	24	breathe	44	entry	64	hero	84	brake
05	downtown	25	generous	45	luggage	65	expend	85	drug
06	either	26	agent	46	Spanish	66	fancy	86	arrival
07	smooth	27	ideal	47	scale	67	imitate	87	judge
08	blink	28	yank	48	eyelid	68	directly	88	skid
09	pond	29	survival	49	tough	69	badly	89	loudspeaker
10	lock	30	fever	50	cloth	70	vote	90	photographer
11	ghost	31	divide	51	gossip	71	highway	91	excited
12	queer	32	bother	52	textbook	72	object	92	childbirth
13	advantage	33	deliver	53	hurt	73	effect	93	nightmare
14	advise	34	less	54	rival	74	fare	94	strength
15	explode	35	October	55	discussion	75	conversation	95	flame
16	billion	36	so	56	surprising	76	whenever	96	voyage
17	minimum	37	employ	57	guideline	77	counsel	97	mistake
18	according	38	countryside	58	cooker	78	jail	98	pressure
19	exercise	39	cartoon	59	costume	79	focus	99	reveal
20	rainfall	40	loss	60	include	80	bar	00	fountain

표제어 리뷰 테스트

MP3 듣기

01	universal	21	custom	41	couple	61	suggestion	81	regularly
02	kidney	22	grammar	42	fantastic	62	below	82	butterfly
03	journey	23	freshman	43	dormitory	63	goal	83	slip
04	chat	24	structure	44	part-time	64	couch	84	informal
05	upstairs	25	shrug	45	neat	65	retire	85	challenger
06	instant	26	guilty	46	tonight	66	astonish	86	hood
07	arms	27	engage	47	resemble	67	American	87	removal
08	sometime	28	graze	48	harmful	68	rate	88	pharmacy
09	wealth	29	tame	49	output	69	booth	89	popular
10	charm	30	shelf	50	royal	70	sentence	90	string
11	than	31	truth	51	least	71	dime	91	July
12	bump	32	furniture	52	tongue	72	somewhat	92	evolve
13	upside-down	33	gun	53	instead	73	protection	93	simply
14	somewhere	34	journal	54	forecast	74	difficulty	94	waken
15	wit	35	traffic	55	vow	75	doubt	95	graduate
16	effort	36	terror	56	merchant	76	boss	96	hunger
17	hollow	37	repay	57	lick	77	snowball	97	excel
18	footstep	38	newscast	58	target	78	cheerful	98	patriot
19	frankly	39	lawn	59	clash	79	wrap	99	control
20	birth	40	relative	60	swallow	80	November	00	elegant

정답

01	지휘자	21	선거운동	41	불붙이다	61	보물	81	돌무더기
02	금발의	22	보유자	42	긍정적인	62	흔한	82	전기
03	해결책	23	한 장	43	떼어내다	63	출입구	83	갈라진 틈
04	위험한	24	숨을 쉬다	44	입장	64	영웅	84	제동장치
05	시내에	25	관대한	45	수화물	65	소비하다	85	약
06	어느 한쪽	26	대리인	46	스페인의	66	상상하다	86	도착
07	매끄러운	27	이상적인	47	저울	67	모방하다	87	판사
08	깜박거리다	28	홱 잡아당기다	48	눈꺼풀	68	곧장	88	미끄러지다
09	연못	29	생존	49	힘든	69	심하게	89	확성기
10	자물쇠	30	열	50	천	70	투표하다	90	사진사
11	유령	31	나누다	51	소문	71	고속도로	91	흥분한
12	기묘한	32	괴롭히다	52	교과서	72	물체	92	출산
13	장점	33	배달하다	53	다치게 하다	73	효과	93	악몽
14	충고하다	34	보다 적은	54	경쟁자	74	요금	94	힘
15	폭발하다	35	10월	55	토론	75	회화	95	불꽃
16	10억	36	그렇게	56	놀라운	76	~할 때는 언제나	96	항해
17	최저의	37	고용하다	57	지침	77	상담하다	97	실수
18	~에 따르면	38	시골	58	요리도구	78	감옥	98	압력
19	운동	39	만화	59	의상	79	집중하다	99	드러내다
20	강수량	40	줄임	60	포함하다	80	막대기	00	분수

정답

01	세계적인	21	관습	41	부부	61	제안	81	정기적으로
02	신장	22	문법	42	환상적인	62	~아래에	82	나비
03	여행	23	신입생	43	기숙사	63	목표	83	미끄러지다
04	잡담하다	24	구조	44	시간제 근무	64	긴 의자	84	비공식의
05	위층에서	25	으쓱하다	45	정돈된	65	은퇴하다	85	도전자
06	즉각적인	26	유죄의	46	오늘밤	66	놀라게 하다	86	두건
07	무기	27	종사시키다	47	닮다	67	미국의	87	제거
08	언젠가	28	풀을 뜯다	48	해로운	68	비율	88	약국
09	재산	29	길들여진	49	생산량	69	칸막이 공간	89	인기 있는
10	매력	30	선반	50	국왕의	70	문장	90	끈
11	~보다	31	진실	51	최소	71	10센트	91	7월
12	부딪히다	32	가구	52	혀	72	약간	92	진화하다
13	거꾸로	33	총	53	대신에	73	보호	93	정말로
14	어딘가	34	학술지	54	예보	74	어려움	94	깨우다
15	재치	35	교통	55	맹세하다	75	의심하다	95	졸업하다
16	노력	36	공포	56	상인	76	상사	96	배고픔
17	속이 빈	37	보답하다	57	핥다	77	눈 뭉치	97	뛰어나다
18	발자국	38	뉴스방송	58	과녁	78	유쾌한	98	애국자
19	솔직히	39	잔디	59	충돌하다	79	싸다	99	통제하다
20	출생	40	친척	60	삼키다	80	11월	00	우아한